# ¡Cuidado!
## lease antes de usar

**A**ntes de que empiece a trabajar con la primera lección, le invito a que lea con detenimiento esta sección.

En primer lugar, hemos elaborado esta revista considerando al joven como un ser integral. Queremos atender su vida espiritual, pero también nos interesa ayudarle en sus relaciones con otros jóvenes, con él mismo, con sus padres, con sus hermanos, con la creación, etc. Por esa razón trabajaremos con ocho grandes temas:

1. Dios
2. Prójimo
3. Yo
4. Familia
5. Iglesia
6. Sexualidad
7. Mayordomía
8. Mundo Actual

Esta revista está dirigida a los siguientes grupos de edades: adolescentes (12 a 15 años), jóvenes menores (16 a 18 años) y jóvenes mayores (19 años en adelante). El formato de trece lecciones permite que esta revista pueda ser utilizada por un período de tres meses, si se usa una lección por semana. Cada lección está divida en dos secciones principales: Una dirigida al líder y la otra para cada grupo de edades con hojas de actividades para fotocopiar.

Dentro de las páginas dirigidas al líder encontraremos una subdivisión más: La primera es propiamente el "Desarrollo de la lección", y la segunda es "La lección para…" con sugerencias de cómo desarrollar la lección para cada grupo.

La experiencia de trabajar con grupos de jóvenes nos hace ver que cada grupo es especial y diferente a los demás. Nadie conoce mejor al grupo de jóvenes que quien trabaja con ellos. Sin embargo, en cada lección hemos incluido algunos "Recursos complementarios" para ayudarle también en el proceso de acercamiento al joven. Entre los recursos encontrará: Definición de términos, lista de materiales didácticos a utilizar, dramas, ilustraciones e información complementaria, entre otros.

La lección está organizada para que el tiempo de duración sea de 45 minutos a una hora. El desarrollo de la lección que sugerimos está dividido en tres etapas y es el siguiente:

### Abriendo la Palabra

(Tiempo estimado: 10 minutos) Esta es la etapa inicial y tiene el fin de crear un ambiente propicio para la presentación del tema, procurando captar toda la atención de los jóvenes. En esta sección encontrará sugerencias para introducir el tema, por ejemplo: dinámicas grupales, juegos, presentación de videos, dramas, cantos, historias, entre otros. Cada lección cuenta con recursos dirigidos específicamente a cada grupo de edades. En algunos casos, según su criterio y conocimiento del grupo, podrá intercambiar los recursos sugeridos para cada grupo.

### Profundizando en la Palabra

(Tiempo estimado: 40 minutos). El inicio de esta etapa es un buen momento para hacer la lectura bíblica, la cual no deberá tomar más de 5 minutos. La lectura puede ser en voz alta o por medio de una dramatización, usando los textos claves del pasaje, asignando parte de las Escrituras a tantos jóvenes como personajes aparezcan en el texto. En algunos casos deberá prepararse durante la semana previa.

En esta etapa también deberá explicarse el contexto bíblico del pasaje de estudio. Es importante llevar a los alumnos hasta el lugar donde ocurrieron los hechos. Finalmente, deberá tratarse el asunto clave de la lección. Es importante guiar a los alumnos hacia el punto central de la enseñanza. No se debe perder de vista el principio bíblico a enseñar.

Para presentar cada uno de los puntos del "Desarrollo de la lección", se deberá utilizar diferentes métodos para hacer más dinámica la clase, por ejemplo: historias, anécdotas, dramas, cuestionarios, hojas de actividades, discusión dirigida, etc. En la sección de Recursos complementarios de cada lección encontrará material para ayudarle en este sentido.

### Aplicando la Palabra

(Tiempo estimado: 10 minutos). Esta parte es basicamente lo que conocemos como conclusión. En esta parte tiene la oportunidad de trascender el salón de clase y hacer que la lección cobre vida en sus alumno. Use diferentes modalidades para resumir lo tratado y puntualizar el principio bíblico a enseñar. Ayude a los jóvenes a buscar la aplicación de este principio en su vida diaria, haciéndoles algunas preguntas, como por ejemplo: ¿Cómo aplico este principio bíblico a mi vida? ¿Cómo lo vivo en mi actividad cotidiana?

En esta sección le sugerimos trabajar con dos elementos importantes: La memorización del texto bíblico y la elaboración de un proyecto personal o grupal.

Es necesario confrontar al joven con la Palabra de Dios, de tal manera que pueda verse en el espejo de Dios y reconocer que Él le está moldeando día con día. Pero, también será importante que proveamos oportunidades prácticas en las cuales el joven pueda crecer en su vida cristiana. En todas las lecciones se incluyen sugerencias como llenar una "hoja de compromiso", la planeación de alguna actividad grupal a realizar durante la semana, o una serie de pasos que cada joven desarrollará en su vida diaria.

**Algunos aspectos adicionales a considerar…**

A continuación le presentamos algunas sugerencias para hacer más efectivo el uso de este material:

**1** Prepare la lección con suficiente tiempo. Busque con anticipación los materiales que necesitará para cada lección.

**2** Busque un lugar tranquilo y lejos de todas las distracciones para preparar la lección.

**3** Sea flexible y adapte la lección al tamaño del grupo. Esta revista no es un reglamento, y mucho del éxito depende de la habilidad que usted tenga para aplicarlo con su grupo de adolescentes o jóvenes.

**4** Use al máximo su creatividad. Mientras lee cada lección, más de una idea le vendrá a la mente, no se detenga, ¡úsela!

**5** Utilice este material de las maneras más diversas que pueda: En la reunión general de jóvenes, en la clase de Escuela Dominical, en grupos pequeños de discipulado, persona a persona, etc.

**6** Finalmente, la más importante: Entréguele su ministerio a Dios y permita que Él le hable a usted primero. Dios no espera que usted sea el mejor de los maestros (sus alumnos tampoco); lo que si espera Dios de usted es que viva lo que enseña y se convierta en un verdadero discipulador.

Muchos de los jóvenes quizá nunca recuerden una clase en particular, pero lo que si quedará grabado en sus mentes y corazones es el ejemplo de quien les enseñó a amar a Dios con todo su ser. Oramos para que Dios bendiga su ministerio.

# JÓVENES

## David González, Editor
Revista JÓVENS

## Escritores para esta edición
Alejandro Torres
Abner Garciá
Dana Benscoter
David González
Gustavo Aguilar Chacón
José Jiménez González
Raquel Ramos Torres

## Comité revisor para esta edición
Eva Velázques
Germán Picavea
Gustavo Aguilar
José Manuel Martinez
Josué Jiménez
Juan Ramón Campos
Loyda Ruíz
Margit Sarmiento
Onán Santiago
Otoniel Rivera
Patricia Picavea
Rolando Girón
Ulises Solis
Vebily Teos

## cnp

### Casa Nazarena des Publicaciones
17001 Prairie Star Parkway
Lenexa KS 66220

# CONTENIDO

# INTRO

Hace unos días pasé por una experiencia diría yo, un poco frustrante. Era la segunda vez en el mes que un joven me decía, "prefiero esperar un poco más". Yo no lo podía creer; el día anterior había pasado la tarde con este joven, platicando acerca del significado de establecer una relación personal con Cristo; así que pensé que ahora, con la predicación tan directa del pastor, él haría una decisión por Cristo.

Para mí, era la oportunidad ideal para que él dijera "acepto". ¡Yo mismo estuve a punto de pasar al altar para recibir nuevamente a Jesús como mi Salvador! Pero él no pensaba igual, así que decidí ayudarlo. Me acerqué y le pregunté si deseaba iniciar una amistad con Dios, pero no hubo una respuesta favorable. Continué "ministrándole", sin lograr un cambio de decisión en él. Por favor, compréndame, era la segunda vez en el mes que alguien me decía que no era el momento; no podía darme por vencido tan fácilmente. De hecho, hasta pasó por mi mente hablarle de lo horrible que será "hervir en el lago de fuego" por la eternidad, pero me contuve. Y no es que quiera empequeñecer lo horrible que será estar separado de Dios por la eternidad, pero preferí no obligarlo a tomar una decisión fingida o causada por el temor. Lo único que atiné a decirle fue, que estaría orando por él, y que no olvidara que Dios estaba interesado en tener una amistad con él.

¿Será que soy el único que ha pasado por una situación como esta? Déjeme decirle que estoy seguro de que más de uno ha pasado por una situación similar a la mía. Las combinaciones pueden ser muchas: Adolescentes que muestran una apatía extrema, jóvenes que después de horas y horas de consejería hacen todo lo contrario a lo que usted les "exhortó", o jóvenes que un día hicieron un compromiso de servicio, pero al día siguiente se les acabó la pasión y prefieren ser servidos.

¿Por qué nadie le advirtió lo difícil que sería hacerse cargo del grupo de jóvenes? Quizá si usted hubiese sabido esto, lo piensa dos veces, o simplemente lo descarta desde un inicio. Realmente el discipulado juvenil es cosa seria, y se requiere de mucho valor.

Desde luego, esto es así, si usted comprende que el discipulado es el proceso a través del cual ayudamos al joven a que conozca, crea y viva como Jesús. Ahora, que si usted cree que el discipulado es sólo una serie de lecciones bíblicas, le sugiero que pase directamente a la lección uno, o que lea la introducción de la Revista Jóvenes de Discipulado # 1.

Lo anterior me obliga a compartirle un pensamiento que quizá usted mismo ya descubrió: *El discipulado requiere de constancia y consistencia.* Usted no puede dejar un trabajo incompleto sólo porque experimentó su primer "fracaso" ministerial. En primer lugar, no podemos calificar de fracaso el ser obedientes al mandato de Dios de hacer discípulos. Y en segundo lugar, el discipulado significa caminar en fe. Muchas veces el trabajo no refleja sus frutos tan rápido como quisiéramos. Pero, ¡cuidado! el hecho de que los resultados no sean visibles, no quiere decir que no haya fruto. El desánimo puede presentarse, pero no debe hacerle desistir de su misión de hacer discípulos.

Hace apenas tres días (de que estaba escribiendo este texto), me encontré con un mensaje electrónico en el que una joven me expresaba con alegría que se acababa de bautizar. Y en su mensaje me decía que para ella fue muy importante el tiempo que estuve ministrándole (¡hace casi 6 años!). Le confieso que ya había olvidado algunos detalles del tiempo de ministerio con ese grupo de jóvenes; pero puedo decirle que en mi rostro se dibujó una gran sonrisa al recordar aquellos muchachos, y confirmar que la Palabra de Dios no vuelve vacía, sino que cumple los propósitos para los que fue enviada.

Quise compartir esto con usted al inicio de esta revista, porque considero importante que al utilizar este material y ministrar a sus adolescentes y jóvenes, recuerde que la constancia y consistencia en presentar la Palabra de Dios, a través de su propia vida, traerá fruto... tarde o temprano.

¡Ánimo, no se detenga, contagie la pasión por Cristo a sus jóvenes!

David González

# El amigo invisible

David González

## DESARROLLO DE LA LECCIÓN

### INTRODUCCIÓN

Al nacer en una familia cristiana, desde muy pequeño asistí a los cultos de la iglesia. Así que muy rápido me familiaricé con el ritual del culto: las oraciones, la lectura de la Palabra, los cantos, etc.

Sin embargo, el hecho de que todo lo que se hacía en el culto de la iglesia me fuera "familiar", no significaba que lo entendiera completamente. Sobre todo cuando al tomar el himnario encontraba algunas palabras que eran tan extrañas para mí. De manera especial había una palabra que me causaba gracia, pero a la vez cierto temor; esa era la palabra "paracleto".

Le pido que no se ría de mí. Sobre todo si usted tampoco sabe el significado de la palabra "paracleto". ¿Acaso la había escuchado alguna vez? De no ser así, déjeme compartir lo que hace algunos años investigué acerca de esta palabra.

Paracleto es un término de origen griego que literalmente significa "uno llamado al lado para ayudarte". Con el tiempo se usó casi exclusivamente para hacer referencia al Espíritu Santo. Su traducción puede ser de múltiples maneras. Así como puede ser abogado, también puede traducirse como consolador, instructor, guía, consejero, el que anima, portavoz y amigo.

### 1. ¿QUIÉN ES EL ESPÍRITU SANTO?

Como vimos anteriormente, al Espíritu Santo se le ha denominado de muchas maneras: el Consolador, el Ayudador, nuestro Guía, nuestro Abogado, el Espíritu de Verdad,

etc. Pero lo más importante es que comprendamos que el Espíritu Santo es la tercera Persona de la Trinidad.

En la historia de la iglesia, la predicación sobre la personalidad del Espíritu Santo ha sido un elemento esencial. Los primeros cristianos dieron un fuerte énfasis a la predicación del Espíritu Santo, los dones espirituales, el fruto del Espíritu, la vida en el espíritu y otros temas vitales para el cristiano.

Sin embargo, al paso del tiempo, la iglesia descuidó la doctrina del Espíritu Santo y fue hasta el año 325 d.C., que un grupo de líderes de la iglesia, en el Credo de Nicea, definieron la doctrina del Dios Trino. Fue entonces que el Espíritu Santo fue nuevamente reconocido como una personalidad en los dogmas de la iglesia.

Han pasado muchos años y todavía hay muchas corrientes religiosas y filosóficas que intentan negar la divinidad del Espíritu Santo, argumentando que es simplemente una fuerza (Testigos de Jehová), que es una sustancia incorpórea que está en el espacio (mormones), que simplemente es la conciencia del ser humano, etc.

Sin embargo, el Espíritu Santo es más que eso, es Dios mismo, por lo tanto, todos los atributos de Dios Padre y de Dios Hijo son aplicables también a Él.

Pasajes de estudio: Juan 14:15-26 y 16:7-13.

Versículo para memorizar: "Mas el Consolador, el Espíritu Santo, a quien el Padre enviará en mi nombre, él os enseñará todas las cosas, y os recordará todo lo que yo os he dicho" Juan 14:26.

Principio bíblico: El Espíritu Santo es la tercera persona de la Divina Trinidad.

Propósito: Que el joven comprenda que el Espíritu Santo es la tercera persona de la Trinidad y está presente no sólo en su iglesia, guiándola y santificándola, sino también en el mundo, convenciéndolo de pecado.

Tenemos muchas citas bíblicas en las que encontramos sustento a esta declaración:

- Salmo 139:7. El Espíritu Santo está en todo lugar.
- Juan 3:8. El Espíritu Santo es Creador.
- Juan 16:7. Jesús habló de Él.
- Hechos 1:8. El Espíritu Santo nos da poder.
- 1 Corintios 2:10-11. El Espíritu Santo lo sabe todo.
- Hebreos 9:14. El Espíritu Santo es eterno.
- 1 Juan 5:7. El Espíritu Santo es uno con el Padre y con el Hijo.

La Biblia nos habla claramente sobre la naturaleza y personalidad divina del Espíritu Santo, pero entonces, ¿qué lo hace diferente a las otras dos personas de la Trinidad?

Para ello, debemos entender que cuando nos referimos a que el Espíritu Santo es una persona no queremos decir que tenga un cuerpo como el ser humano. En realidad una persona no lo es simplemente porque tenga una estructura física. Un muerto tiene un cuerpo pero no tiene vida. Entonces, para ser una persona se requiere que tenga vida. Y algo inherente a la vida es la capacidad de relacionarse, de sentir, de pensar, de tomar decisiones y de realizar actividades.

Las características mencionadas anteriormente son atributos que nos ayudan a ver la distinción entre Dios Padre, Dios Hijo y Dios Espíritu Santo. Las tres Personas de la Trinidad realizan diferentes actividades pero con un mismo propósito o sentir. Y es un mismo propósito de acción porque las tres Personas poseen la misma naturaleza y carácter en su totalidad.

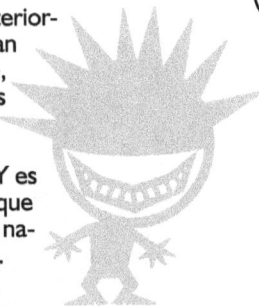

## 2. ¿QUÉ HACE EL ESPÍRITU SANTO?

Al hablar de lo que hace el Espíritu Santo debemos decir que es Dios en acción. La presencia dinámica de Dios. Y aún cuando la revelación plena del Espíritu Santo al hombre la encontramos hasta el Pentecostés, el Espíritu mismo ya estaba operando desde el principio, aún antes de la creación (Génesis 1:2).

El pueblo de Israel fue un testigo del poder y accionar del Espíritu Santo. El Espíritu Santo inspiró a los profetas, capacitó a las personas para liberar al pueblo y cumplir una misión específica y motivó al pueblo a buscar a Dios. Pero fue hasta la visita del ángel Gabriel a María que el Espíritu Santo se dio a conocer de manera absoluta como una persona distinta a las otras dos Personas de la Trinidad.

En los evangelios leemos que el Espíritu Santo estuvo presente en la vida y ministerio de Jesús, guiándole y dándole poder. Y una vez que la obra redentora de Jesucristo se consumó, vino a ser el administrador de esa obra redentora. Por lo anterior, podemos concluir que su tarea principal está centrada en la redención del ser humano, de allí se derivan cada una de las acciones que Él hace por la humanidad.

A continuación tenemos algunas citas bíblicas que nos ayudarán a conocer más de la obra del Espíritu Santo:

## RESUMEN

Es difícil explicar quién es el Espíritu Santo porque no es palpable. Sin embargo, debemos estar conscientes de que es la Tercera Persona de la Trinidad, es real y está siempre presente, muy cerca de nosotros.

La persona que ha disfrutado el amor de Dios, aceptando a Jesucristo como su Salvador, se podrá dar cuenta de que no hay ningún área de su vida que no necesite de la presencia, ayuda y dirección del Espíritu Santo. Y es precisamente el Espíritu de Dios quien puede santificar y dar poder a todo aquel que se lo pida, para que sea la persona que Dios quiere que sea.

No importa que las personas no hayan iniciado una relación personal con Dios, Él las busca intensamente y les habla una y otra vez. Y cuando alguien responde de la misma manera que el Espíritu Santo lo hace, entonces recibe la mayor bendición, la vida eterna. Una vida en comunión con el Dios Trino.

## Obra del Espíritu Santo

- Juan 14:16 - Nos consuela.
- Juan 14:26 - Nos enseña todas las cosas.
- Juan 14:26 - Nos recuerda todo lo que dijo Jesucristo.
- Juan 15:26 - Da testimonio de Jesús.
- Juan 16:8 - Convence al mundo de pecado.
- Juan 16:13 - Nos guía a toda verdad.
- Hechos 1:8 - Nos da poder para testificar de Cristo.
- Hechos 9:31 - Nos fortalece.
- Gálatas 4:6 - Intercede por nosotros.
- Efesios 3:14-21 - Nos da el amor de Dios.
- 2 Tesalonicenses 2:13 - Nos santifica.

**Materiales didácticos:**
1. Pizarra u hojas de rotafolio
2. Marcadores o tiza (gis)
3. Biblias
4. Fotocopias de las hojas de actividades
5. Lápices o bolígrafos
6. Hojas blancas

### Definición de términos:

**Espíritu Santo.** Creemos en el Espíritu Santo, la Tercera Persona de la Trinidad, que Él está siempre presente y eficazmente activo en la iglesia de Cristo y juntamente con ella, convenciendo al mundo de pecado, regenerando a los que se arrepienten y creen, santificando a los creyentes y guiando a toda verdad la cual está en Cristo. (Iglesia del Nazareno, Manual 2001-2005, Kansas City: CNP, 2002)

**Santificación (entera).** Es el acto de Dios, subsecuente a la regeneración, por el cual los creyentes son hechos libres del pecado original, o depravación y son transformados a un estado de entera devoción a Dios y a la obediencia de amor hecho perfecto. Experiencia de limpieza del corazón del pecador y la presencia real y permanente del Espíritu Santo, dando al creyente el poder necesario para una vida santa y de servicio. (Diccionario Teológico Beacon, p.p.625,626. Kansas City: CNP, 1995)

### Dinámica: "El guía invisible"

Esta dinámica consiste en lo siguiente: Pida a un voluntario que pase al frente para participar en una carrera de obstáculos. Coloque en una línea recta una serie de artículos: relojes, lapiceros, piedras, etc. Entonces diríjase al voluntario diciéndole que en esta actividad, deberá caminar de un punto "A" a un punto "B" en línea recta, pero en el transcurso del camino encontrará obstáculos. El grado de dificultad se incrementa porque deberá llevar una venda sobre los ojos. No podrá ver nada y el grupo sólo podrá decirle: ¡cuidado!

¡Atención! Una vez que el voluntario tenga bien vendados los ojos, silenciosa y cuidadosamente quite todos los obstáculos del camino (esto evitará cualquier "pérdida material"). El voluntario pensará que camina en un camino de obstáculos, pero no será así.

Una vez que hizo el recorrido de ida, pídale que lo haga de regreso. En esta ocasión habrá una diferencia, a su lado habrá una persona que le indicará por dónde debe caminar. Al terminar el recorrido de ida y regreso, antes de quitarle la venda al voluntario, ponga otra vez todos los obstáculos.

Pregúntele al voluntario lo siguiente:
- ¿Qué sentiste al caminar por la línea de obstáculos?
- ¿Cuál fue la diferencia entre caminar con guía y sin guía?

### Dinámica: "El abogado"

Esta dinámica consiste en lo siguiente: Coloque en un círculo a los alumnos, entonces diríjase al grupo diciéndole que en esta actividad, la persona que está a su derecha se convertirá en su abogado, lo defenderá y dará la respuesta a cualquier cuestionamiento.

Comience haciendo alguna pregunta a cualquier joven (nombre, edad, gustos, pasatiempos, etc.). Entonces, la persona que esté a la derecha de este joven deberá responder. Aún cuando la respuesta no sea exacta, debe ser lo más apegada a la realidad. Pierde aquella persona que conteste cuando no le corresponde (la persona a la que se le dirige la pregunta), o si el abogado (el que está a la derecha del joven cuestionado) duda o simplemente no responde.

# La lección para...

### Abriendo la Palabra

Una buena opción para iniciar la clase es utilizar la dinámica "El guía invisible". Que puede encontrar en la sección de recursos complementarios de esta lección.

Concluya la dinámica mencionando que una de las palabras que se utiliza para hacer referencia al Espíritu Santo es la de "guía". Algo parecido a la actividad, el Espíritu Santo es un guía que no podemos ver ni tocar, pero que existe.

Después de la dinámica, haga la transición al tema compartiendo la introducción de la lección.

*"Mas el Consolador, el Espíritu Santo, a quien el Padre enviará en mi nombre, él os enseñará todas las cosas, y os recordará todo lo que yo os he dicho" Juan 14:26.*

### Profundizando en la Palabra

Lean los pasajes para estudio. Dependiendo del número de integrantes de su grupo, pida que cada uno lea un versículo. Para hacerlo de una manera dinámica puede decir a un adolescente que inicie y una vez que termine, que él escoja a la persona que leerá el siguiente versículo; así hasta que se lean todos los versículos.

Ahora comparta el punto "1", ¿Quién es el Espíritu Santo? Una vez que compartió el trato que la iglesia le ha dado a la doctrina del Espíritu Santo, reparta la hoja de actividades, "Te presento a mi amigo: El Espíritu Santo".

Después de un tiempo en el que hayan trabajado individualmente, compartan las respuestas entre el grupo.

Para concluir el punto "1", pida al grupo que le diga algunas características de las "personas"; es decir, ¿qué hace a una persona ser "persona"? Permita un tiempo de diálogo con el grupo y explique por qué los cristianos creemos que el Espíritu Santo es una persona.

Una vez que ha quedado clara la personalidad del Espíritu Santo, analicen lo que la Biblia nos dice respecto a la acción del Espíritu Santo en la iglesia y en el mundo (punto "2"). Luego, utilice la hoja de actividades "La acción del Espíritu Santo".

### Aplicando la Palabra

Pida a los adolescentes que en una hoja pequeña, escriban lo que para ellos es el Espíritu Santo y una de las formas en que Él actúa en la iglesia y el mundo. Pídales que como tarea hagan un "seguimiento" de su amigo invisible y elaboren un reporte de cómo se manifestó en su vida durante la semana.

Ahora busquen el pasaje para memorizar, apréndanlo y que dos o tres adolescentes lo digan en voz alta.

Finalice compartiendo el resumen de la lección y haciendo una oración.

**Nota:** No olvide en la próxima reunión comentar la tarea encomendada sobre su amigo invisible.

## Respuestas: Hoja de Actividades
### La acción del Espíritu Santo

Convence al mundo de pecado — Gálatas 4:6

Da testimonio de Jesús — Hechos 9:31

Nos consuela — Juan 15:26

Nos enseña todas las cosas — 2 Tesalonicenses 2:13

Nos guía a toda verdad — Juan 16:8

Nos da poder para testificar de Cristo — Juan 16:13

Nos da el amor de Dios — Juan 14:16

Nos fortalece — Juan 14:26

Nos recuerda todo lo que dijo Jesucristo — Juan 14:26

Intercede por nosotros — Efesios 3:14-21

Nos santifica — Hechos 1:8

## Respuestas: Hoja de Actividades
### Te presento a mi amigo: El Espíritu Santo

1) uno; 2) eterno; 3) creador; 4) sabe; 5) todo; 6) poder; 7) habló.

# La lección para...

## Abriendo la Palabra

Una buena opción es utilizar la dinámica "El abogado" que encuentra en la sección de recursos complementarios de esta lección.

Comparta la introducción a la lección, mencionando algunas de las palabras con las que se hace referencia al Espíritu Santo. Desde luego, no se le debe olvidar mencionar la palabra "abogado", ya que la dinámica se basó en ésta.

## Profundizando en la Palabra

Lean los pasajes para estudio de la siguiente manera: Forme dos grupos y asigne a cada grupo un pasaje. Pídales que hagan un resumen del mismo, para que posteriormente un representante de cada grupo comparta el resumen de la lectura.

Después de escuchar los resúmenes, trabajen el punto "1", ¿Quién es el Espíritu Santo? Reparta la hoja de actividades, "Te presento a mi amigo: El Espíritu Santo". Después de un tiempo en el que hayan trabajado individualmente, compartan las respuestas entre el grupo.

Participe en la discusión compartiendo cómo la iglesia ha concebido la persona del Espíritu Santo. Para concluir el punto "1", pregunte al grupo, ¿qué es lo que hace a una persona ser "persona"?

Escriba todas las opiniones en la pizarra o en hojas blancas grandes. Permita un tiempo de diálogo con el grupo y explique por qué los cristianos creemos que el Espíritu Santo es una persona.

Una vez que ha quedado clara la personalidad del Espíritu Santo, analicen lo que la Biblia nos dice respecto a la acción del Espíritu Santo en la iglesia y en el mundo (punto "2"). Luego, utilice la hoja de actividades, "La acción del Espíritu Santo", al comparar las respuestas pida que expliquen en qué consiste cada acción del Espíritu Santo. Si tiene otras citas que se relacionen con cada acción utilícelas para reforzar el punto.

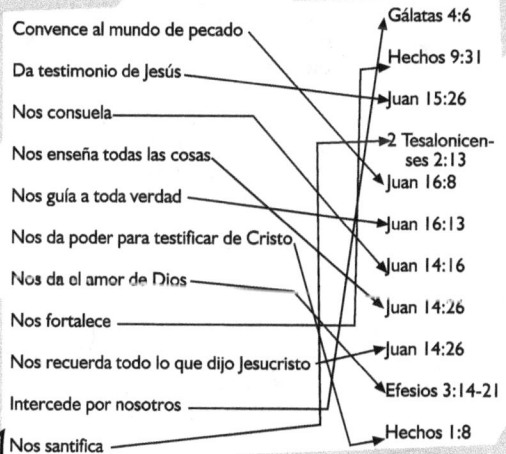

### Respuestas: Hoja de Actividades
**Te presento a mi amigo: El Espíritu Santo**
1) uno; 2) eterno;
3) creador; 4) sabe;
5) todo; 6) poder; 7) habló.

## Aplicando la Palabra

Lean y memoricen Juan 14:26. Cuando ya la mayoría lo haya aprendido, comparta el resumen de la lección.

Para concluir con el tiempo de clase, pida que todos los jóvenes hagan una oración haciendo alusión directa al Espíritu Santo. Esta oración tendrá la particularidad de que deberá ser hecha todos los días de la semana, al iniciar sus actividades diarias. La oración debe ser breve y contener una promesa que le harán a su "amigo invisible". Por ejemplo: "Espíritu Santo este día voy a comportarme de tal manera que estés orgulloso de mí".

Finalice este tiempo de compromiso, con una oración y pidiendo a los jóvenes que contesten mentalmente" a la siguiente pregunta: ¿Reflejan mis acciones diarias la presencia del Espíritu Santo en mi vida?

Oración: Querido Dios, oramos en el nombre de Jesucristo tu Hijo, pidiendo que envíes el Espíritu Santo a la vida de cada joven para santificarlo y llenarlo de tu poder para ser la persona que Tú quieres que sea. Amén.

| | |
|---|---|
| Convence al mundo de pecado | Gálatas 4:6 |
| Da testimonio de Jesús | Hechos 9:31 |
| Nos consuela | Juan 15:26 |
| Nos enseña todas las cosas | 2 Tesalonicenses 2:13 |
| Nos guía a toda verdad | Juan 16:8 |
| Nos da poder para testificar de Cristo | Juan 16:13 |
| Nos da el amor de Dios | Juan 14:16 |
| Nos fortalece | Juan 14:26 |
| Nos recuerda todo lo que dijo Jesucristo | Juan 14:26 |
| Intercede por nosotros | Efesios 3:14-21 |
| Nos santifica | Hechos 1:8 |

### Respuestas: hoja de Actividades
**La acción del Espíritu Santo**

"Mas el Consolador, el Espíritu Santo, a quien el Padre enviará en mi nombre, él os enseñará todas las cosas, y os recordará todo lo que yo os he dicho" Juan 14:26.

### Abriendo la Palabra

Inicie la sesión preguntando el significado de la palabra "Paracleto". Permita que el grupo dé sus respuestas. De no recibir la respuesta correcta, déles algunas pista, haciendo referencia al Paracleto como un abogado. Por ejemplo, "el día de hoy es muy común verlos en juzgados".

Después del acertijo anterior, puede utilizar la dinámica "El Abogado" que se encuentra en la sección de recursos complementarios de esta lección.

Comparta la introducción de la lección mencionando las diferentes palabras que se utilizan para hacer referencia al Espíritu Santo. Desde luego, no se le debe olvidar mencionar la palabra "abogado", ya que la dinámica se basó en ésta.

### Profundizando en la Palabra

Lean los pasajes para estudio de la siguiente manera: Forme dos grupos y asigne a cada grupo un pasaje. Pídales que hagan un resumen del mismo, para que posteriormente un representante de cada grupo comparta el resumen de la lectura.

Haga una síntesis de los dos pasajes y comparta cómo la iglesia ha concebido la persona del Espíritu Santo a lo largo de la historia (punto "1").

Para desarrollar el punto "1", "¿Quién es el Espíritu Santo?", puede pedir a los jóvenes que digan qué es lo que diversas corrientes religiosas dicen acerca del Espíritu Santo. Escriba los comentarios en la pizarra o en una hoja lo suficientemente grande para que sea visible al grupo.

Antes de dar alguna conclusión, reparta la hoja de actividades, "¿Quién es el Espíritu Santo?" y trabajen individualmente en ella. No olvide recortar antes la tarjeta "Mi gratitud".

Concluya el punto "1", preguntando al grupo, ¿qué es lo que hace diferente al Espíritu Santo de las demás personas de la Trinidad?

Permita un tiempo de diálogo entre el grupo y explique por qué los cristianos creemos que el Espíritu Santo es una persona.

Una vez que ha quedado clara la naturaleza y personalidad del Espíritu Santo, analicen lo que la Biblia nos dice respecto a la acción del Espíritu Santo en la iglesia y en el mundo (punto "2"). Luego, utilice la hoja de actividades "La acción del Espíritu Santo", al comparar las respuestas pida que expliquen en qué consiste cada acción del Espíritu Santo. Si tiene otras citas que se relacionen con cada acción utilícelas para reforzar el punto.

### Aplicando la Palabra

Lean y memoricen Juan 14:26. Cuando ya la mayoría lo haya aprendido, comparta el resumen de la lección.

Para concluir con el tiempo de clase, reparta la tarjeta "Mi gratitud". Déles algunos minutos para que escriban el motivo o motivos por los que están agradecidos con el Espíritu Santo. Seguidamente, pida a cada joven que lea en voz alta lo que escribió en su tarjeta.

Finalice la lección con una oración y pidiendo a los jóvenes que contesten mentalmente a la siguiente pregunta: *¿Reflejan mis acciones diarias, la presencia del Espíritu Santo en mi vida?*

Ore: Querido Dios, te damos gracias por todo lo que has hecho en nuestras vidas. Te pido que envíes el Espíritu Santo a cada joven para santificarlo, llenarlo de tu poder y que tu presencia se manifieste día con día en cada actividad. Nuestro deseo es ser las personas que Tú quieres que seamos. Oramos en el nombre de tu hijo Jesucristo. Amén.

| | |
|---|---|
| Salmo 139:7 | Omnipresente |
| Juan 3:8 | Creador |
| Juan 16:7 | Parte de la Trinidad |
| Hechos 1:8 | Da poder |
| 1 Corintios 2:10-11 | Omniciente |
| Hebreos 9:14 | Eterno |
| 1 Juan 5:7 | Es uno con El Padre y El Hijo |

**Respuestas: Hoja de Actividades**
La acción del Espíritu Santo

*"Mas el Consolador, el Espíritu Santo, a quien el Padre enviará en mi nombre, él os enseñará todas las cosas, y os recordará todo lo que yo os he dicho" Juan 14:26.*

# HOJA DE ACTIVIDADES

# Te presento a mi amigo: El Espíritu Santo

**Corrige el orden de las palabras subrayadas y encontrarás las frases que nos ayudan a comprender la divinidad del Espíritu Santo.**

**1** El Espíritu Santo es <u>nou</u> con el Padre y con el Hijo (1 Juan 5:7).

**2** Según Hebreos 9:14, el Espíritu Santo es <u>toerne</u>.

**3** El Espíritu Santo es <u>darorce</u> (Juan 3:8).

**4** El Espíritu Santo todo lo <u>aebs</u>. 1 Corintios 2:10-11

**5** Según Salmo 139:7, el Espíritu Santo está en <u>oodt</u> lugar.

**6** De acuerdo a Hechos 1:8, recibiremos <u>reodp</u> del Espíritu Santo.

**7** En Juan 16:7, Jesús <u>alóhb</u> de Él.

"MAS EL CONSOLADOR, EL ESPÍRITU SANTO, A QUIEN EL PADRE ENVIARÁ EN MI NOMBRE, ÉL OS ENSEÑARÁ TODAS LAS COSAS, Y OS RECORDARÁ TODO LO QUE YO OS HE DICHO" JUAN 14:26.

# HOJA DE ACTIVIDADES

## La acción del Espíritu Santo

**El Espíritu Santo realiza varias actividades en y por el ser humano. Relaciona las siguientes oraciones con la cita bíblica:**

Convence al mundo de pecado

Da testimonio de Jesús

Nos consuela

Nos enseña todas las cosas

Nos guía a toda verdad

Nos da poder para testificar de Cristo

Nos da el amor de Dios

Nos fortalece

Nos recuerda todo lo que dijo Jesucristo

Intercede por nosotros

Nos santifica

Gálatas 4:6

Hechos 9:31

Juan 15:26

2 Tesalonicenses 2:13

Juan 16:8

Juan 16:13

Juan 14:16

Juan 14:26

Juan 14:26

Efesios 3:14-21

Hechos 1:8

"Mas el Consolador, el Espíritu Santo, a quien el Padre enviará en mi nombre, él os enseñará todas las cosas, y os recordará todo lo que yo os he dicho" Juan 14:26.

# ¿Quién es el Espíritu Santo?

**B** usca las siguientes citas bíblicas, y escribe lo que dice sobre la persona del Espíritu Santo.

Salmo 139:7 _____

Juan 3:8 _____

Juan 16:7 _____

Hechos 1:8 _____

1 Corintios 2:10-11 _____

Hebreos 9:14 _____

1 Juan 5:7 _____

"Mas el Consolador, el Espíritu Santo, a quien el Padre enviará en mi nombre, él os enseñará todas las cosas, y os recordará todo lo que yo os he dicho"
Juan 14:26.

# Mi gratitud

*Utilizando menos de 50 palabras, expresa por qué estás agradecido con el Espíritu Santo.*

# ¡Amistad extrema!

David González

## DESARROLLO DE LA LECCIÓN

### INTRODUCCIÓN

Podría hacer una lista de mis mejores amigos de la infancia. Sin embargo, debo reconocer que ahora no tengo contacto con ninguno de ellos.

Quizá una de las razones por las que no mantuve comunicación con mis "viejos-niños amigos" es que a lo largo de mi vida he cambiado de domicilio muchas veces. Y no sólo en la misma ciudad, sino hasta en otros países. Me pregunto entonces si aquellos "amigos" de la infancia realmente lo eran, o sólo fueron compañeros de juego o de escuela. Si la respuesta fuera afirmativa, significa que la amistad no es eterna, ¿o sí lo es?

Como en todo momento, la Biblia tiene la respuesta correcta para cada pregunta. Así que veamos una historia que nos ayudará a comprender de una manera clara qué es la amistad.

### 1 UNA AMISTAD FUERA DE SERIE

Los capítulos del 16 al 20 de 1 Samuel nos narran una de las amistades más notables de la Biblia. David se convirtió en el mejor amigo de Jonatán, el hijo del rey Saúl. Ambos jóvenes constituyen un modelo de amistad que nos ofrece importantes enseñanzas acerca de las relaciones en general.

Es importante hacer un recordatorio de quién era Saúl. Lo primero que podemos decir acerca de él es que fue el primer rey de Israel. Comenzó siendo un buen rey, pero esto cambio en sus últimos años de reinado. Como consecuencia, sus días en el trono estaban contados.

En Israel y en la mayoría de los pueblos antiguos, era una costumbre que el rey, una vez muerto, heredará el reino a su hijo primogénito. En este caso, Saúl le heredaría el trono a Jonatán. Sin embargo, como mencionamos, Saúl se alejó de Dios y le desobedeció vez tras vez, por lo que Dios le dijo que le quitaría el reino.

Siguiendo instrucciones dadas por Dios, Samuel ungió a un pastor de ovejas, David, como sucesor de Saúl. Dos de las primeras historias que leemos acerca de David son las de su encuentro con Goliat, el gigante filisteo y su amistad con Jonatán, el hijo de Saúl.

Quizá sea más fácil comprender la historia de David y Jonatán si imaginas que tu papá tiene un negocio; negocio que más adelante será tuyo (tu papá te lo prometió). Pero por malos manejos el Gobierno le recogerá el negocio. Ya no será tuyo, sino que le será dado a un joven de tu misma edad. ¿Crees que sería fácil hacerte amigo de ese muchacho? ¡Le dieron lo que te pertenecía!

Bueno, pues era similar la situación en la que estaban Jonatán y David. Uno, que no recibiría la herencia y el otro, que la recibiría como un regalo que no esperaba.

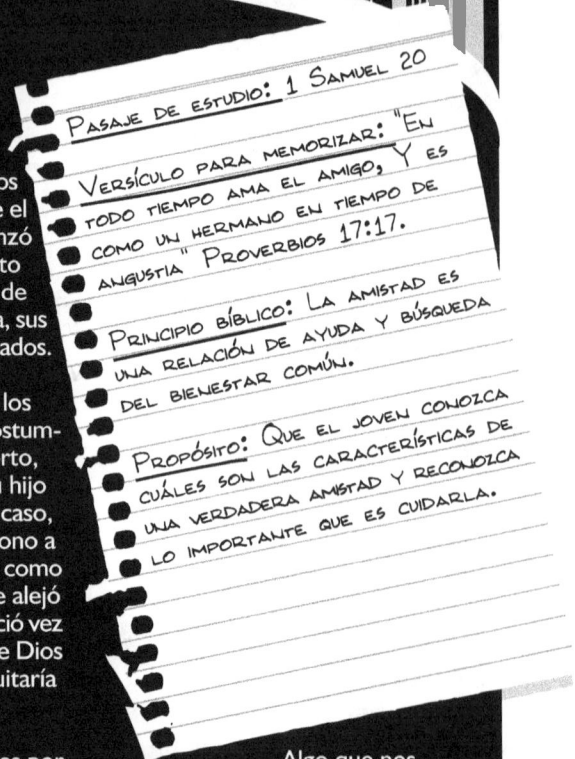

**Pasaje de estudio:** 1 Samuel 20

**Versículo para memorizar:** "En todo tiempo ama el amigo, Y es como un hermano en tiempo de angustia" Proverbios 17:17.

**Principio bíblico:** La amistad es una relación de ayuda y búsqueda del bienestar común.

**Propósito:** Que el joven conozca cuáles son las características de una verdadera amistad y reconozca lo importante que es cuidarla.

Algo que nos queda claro es que, así como Dios vio en David un corazón recto y agradable, también Jonatán pudo ver en David lo mismo. Y aún a pesar de saber que Saúl odiaba a David, Jonatán lo llegó a querer como a él mismo. En pocas palabras, ¡una amistad fuera de serie!

Jonatán estaba contento con la noticia de que David sería el rey. A él no le importó que David fuera el sucesor al trono, sino que se alegró porque su amigo recibiría semejante honor. Podríamos decir que Jonatán también era un hombre de acuerdo al corazón de Dios.

### 2 CARACTERÍSTICAS DE UNA AMISTAD DURADERA

La relación de Jonatán y David nos permite ver varias características de una verdadera amistad. A continuación se presentan algunas:

## AFECTO

Ser amigo es quererse, es sentir aprecio por la otra persona. Pero no es sólo un sentimiento, sino acción. En 1 Samuel 18:1 leemos que Jonatán quería a David. Lo demostró cuando Saúl buscaba ocasión para matarlo. Jonatán arriesgó su propia vida con tal de salvar a su amigo.

## COMPARTIR

En la amistad, por encima del "tú" o el "yo" está el "nosotros". Cuando una amistad es sincera entonces estamos dispuestos a compartir lo que tenemos (1 Samuel 18:4).

## CONFIANZA

Significa creer en la persona con la cual se ha iniciado una amistad. La confianza no es algo que viene por arte de magia, se tiene que ganar día con día (1 Samuel 20:9).

## TRANSPARENCIA

¿Qué significa ser transparente? Podemos confundirnos con el hecho de que dejamos que todo el mundo conozca hasta el último detalle de nuestra vida o de nuestros pensamientos. En realidad lo que significa es que estamos dando una imagen correcta de lo que somos. No aparentamos una imagen falsa sino que somos sinceros; y conforme la relación de amistad va creciendo, la confianza va aumentando y nuestro conocimiento de la otra persona también. Conoceremos qué le agrada o qué le desagrada a nuestro amigo, qué le hace sentir bien o qué le provoca tristeza (1 Samuel 20:8 y 9; 1 Samuel 20:14 y 15).

## EMPATÍA

Empatía es sentir lo que otra persona siente. Esto no quiere decir que si alguien tiene un accidente y se rompe la pierna, nosotros sintamos el mismo dolor y gritemos como desesperados. Significa que si la gente viene a nosotros y comparte sus tristezas o dolor, también nos sintamos tristes por lo que están pasando, o que si están entusiasmados o contentos por algo, entonces nosotros nos sintamos felices por ello.

Jonatán amaba a David "como a sí mismo" (1 Samuel 18:1). El sentimiento era recíproco. ¿Podríamos decir que amamos a nuestros amigos como a nosotros mismos? ¿Por qué sí o por qué no? Quizás el pasaje más representativo de la empatía se encuentra en 1 Samuel 20:33, 34 y 41.

De las características mencionadas podemos concluir que la amistad es una relación de compañerismo, compromiso, apoyo mutuo y de disfrutar juntos de proyectos en común. Regularmente se origina por intereses o gustos similares, pero va más allá. Tiene que ver también con ayudar a la persona que uno estima a conseguir sus metas, aún cuando éstas no nos involucren o interesen directamente.

# RESUMEN

¿Se imaginan qué tan diferente hubiera sido la vida de David si no hubiera conocido a Jonatán? La amistad de David y Jonatán fue muy fuerte porque estaba basada en el respeto mutuo y en la búsqueda del bienestar de la otra persona.

Algo que debemos reconocer es que nuestras amistades poco a poco van construyendo o fortaleciendo nuevas relaciones en nuestras vidas. Nos ayudan a crecer, nos comprenden, nos ayudan a ver las cosas desde otro punto de vista, nos corrigen y finalmente, nos ayudan a levantarnos de nuestras caídas.

No olvidemos que la amistad es una relación y como toda relación, debe cuidarse, cultivarse y fortalecerse. No depende de lo que haga una sola persona, sino de lo que hagan todos los que están involucrados en la relación.

Podemos culminar diciendo que los amigos son un regalo de Dios. Y la Biblia nos dice que si tenemos amigos y queremos conservarlos, debemos primeramente ser buenos amigos (Proverbios 18:24).

LA AMISTAD ES UNA RELACIÓN DE AYUDA Y BÚSQUEDA DEL BIENESTAR COMÚN.

**Materiales didácticos:**
1. Pizarra u hojas para rotafolio
2. Hojas blancas, lápices y cinta adhesiva
3. Marcadores o tiza (gis)
4. Hojas gruesas con números impresos
5. Fotocopias de las hojas de actividades

**Información complementaria:**
**Amistad.** La amistad y el amor están relacionados y tienen mucha semejanza. El valor de la amistad se engrandece, porque es el menos instintivo de los amores, (no es biológicamente necesaria, ni imperativa para la vida de la comunidad).

Por lo menos hay tres elementos básicos de la amistad. Primero, el elemento de elección. Mientras que no tenemos opción en la selección de nuestros padres o hermanos, nadie nos puede forzar a aceptar una amistad. Las amistades se escogen libremente. El segundo elemento es el de compartir. Las amistades principian al compartir un pasatiempo o interés, al hablar acerca de un autor o compositor en particular, de cierto tipo de comida, o estilo de arte, o incluso al compartir disimilitudes. El tercer elemento es la separación, que lógicamente sigue a los otros dos. Sobre la base de lo que comparten, los amigos escogen libremente apartarse de la multitud a su alrededor.

La amistad, como tal, es amoral. La puede experimentar el santo y el pecador, y puede ser ennoblecedora o degradante. Jesús dijo: "Os he llamado amigos" (Juan 15:15); pero Santiago también nos advierte que "la amistad del mundo es enemistad contra Dios" (4:4). Esta advertencia no sólo describe el peligro de la amistad con el objeto equivocado, sino que cuando se toma con la declaración de Juan que "si alguno ama al mundo, el amor del Padre no está en él" (1 Juan 2:15), muestra la relación íntima que hay entre la amistad y el amor. (Diccionario Teológico BEACON, p. 43, Kansas City, USA:CNP,1995)

# La lección para...

### Abriendo la Palabra

Escriba en hojas de papel grueso los números del uno al cinco (un número en cada hoja). Divida al grupo de adolecentes en equipos de cinco personas y asigne a cada uno de los participantes una hoja con un número escrito. Déles la instrucción de que usted va a decir un número y el equipo que más rápido se ponga de pie y se ordene en línea formando el número señalado será el ganador. Diga al menos 20 números para que ellos asuman el reto con entusiasmo. La cantidad de equipos dependerá del número de adolecentes.

Pregunte a los adolescentes: ¿Cuál creen que fue la razón por la que el equipo que ganó lo hizo? ¿Creen que el saber cuál era la meta en común les ayudó? ¿Hubo unidad? ¿Hubo comunicación?

El día de hoy hablaremos de la amistad y algunas de sus características. En la dinámica que realizamos, formamos equipos que tenían una meta en común, hubo comunicación y unidad, pero, ¿realmente eso los convirtió en amigos?

Pregunte: ¿Qué es la amistad para ustedes? Después de algunas participaciones comparta la introducción a la lección (narre alguna experiencia personal).

### Profundizando en la Palabra

Este es el tiempo para leer el pasaje de estudio (1 Samuel 20). Le recomiendo leer desde el capítulo 16 para tener un panorama más amplio del tema y los personajes a estudiar.

Desarrolle el punto "1" de la lección, "Una amistad fuera de serie". Haga una evaluación pidiendo a los adolescentes que le digan qué tanto saben de David y Jonatán. Esto le ayudará a determinar con qué profundidad o detalles narrará la historia de estos dos personajes. Al terminar de contar la historia de David y Jonatán pida a los adolescentes que escojan cuál de los dos personajes les hubiese gustado ser, y por qué.

"En todo tiempo ama el amigo, Y es como un hermano en tiempo de angustia" Proverbios 17:17.

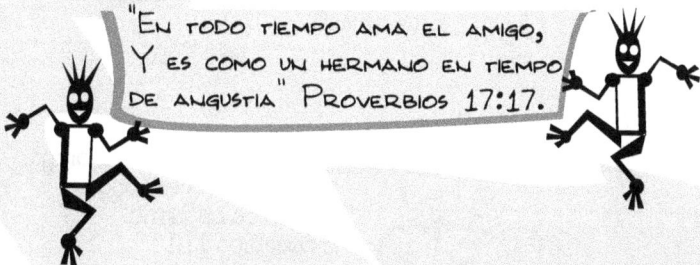

Una vez que cada adolescente explique el por qué le hubiese gustado ser como David o Jonatán, comparta el punto "2" de la lección.

Utilice la hoja de actividades, "Claves de la amistad" y trabajen con el ejercicio "Encontrando la verdadera amistad". Premie al adolecente que termine primero.

### Aplicando la Palabra

Trabajen en la actividad "Completa la frase" de la hoja de actividades, "Claves de la amistad". Pídales que cada uno escriba en su hoja la mayor cantidad de posibles finales para la frase, "Un amigo es". Por ejemplo: "alguien que me ayuda en las tareas". Cuando hayan terminado de hacerlo, lea todas las frases en voz alta.

Memoricen Proverbios 17:17 y comparta el resumen de la lección. Sin duda, podemos decir que los amigos son un **regalo** de Dios. Y la Biblia nos dice que si tenemos amigos y queremos conservarlos, debemos primeramente ser buenos amigos" (Proverbios 18:24).

Concluya la lección entregando la hoja de actividades, "Un regalo especial". En ella escribirán todas las cosas que les gustaría regalarle a su mejor amigo. Después de que hayan terminado, comenten por qué decidieron regalarle esas cosas. Finalmente, anime a los adolescentes a que durante la semana busquen darle un "regalo" de la lista a su mejor amigo. No tiene que ser un regalo costoso, sino significativo.

Oren juntos una oración similar a esta: "Dios, gracias por amarnos tanto y recordarnos que la amistad de Jonatán y David es un modelo para nuestras amistades. Ayúdanos a recordar que debemos compartir tu amor con los demás. Reconocemos que nuestros amigos son muy importantes; ayúdanos a no pasarlos por alto. En el nombre de Jesús, amén".

# La lección para...

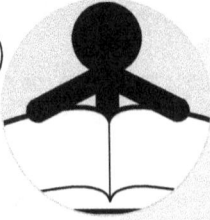

### Abriendo la Palabra

Reparta la hoja de actividades "Mi registro oficial de amigos". Pida a los jóvenes que escriban todos los amigos que han tenido en su vida (los que recuerden). La lista debe hacerse por orden de antigüedad, el más "viejo" será el número uno y el más reciente al final. También deberán marcar si todavía sigue siendo su amigo.

Una vez que todos hayan terminado, pregunte: ¿Cómo fue que conocieron a su primer amigo?, ¿Qué les hizo entablar una relación de amistad?, ¿Por qué creen que aquellas personas que ya no son sus amigos(as) dejaron de serlo?

El día de hoy hablaremos de la amistad y algunas de sus características. En el registro que llenaron incluyeron algunos nombres de personas, pero seguramente conocen muchas más. Sin embargo, el hecho de que no las hayan incluido nos ayuda a comprender que no todas las personas que nos rodean son nuestros amigos.

Pregunte: ¿Qué es la amistad para ustedes? Después de algunas participaciones comparta la introducción a la lección (narre alguna experiencia personal).

### Profundizando en la Palabra

Este es el tiempo para leer el pasaje de estudio (1 Samuel 20). Le recomiendo leer desde el capítulo 16 para tener un panorama más amplio del tema y los personajes a estudiar.

Desarrolle el punto "1" de la lección, "Una amistad fuera de serie". Haga una evaluación pidiendo a los jóvenes que le digan qué tanto saben de David y Jonatán. Esto le ayudará a determinar con qué profundidad o detalles narrará la historia de estos dos personajes.

Una vez que terminen de narrar la historia de David y Jonatán, comparta el punto "2" de la lección. Utilice la hoja de actividades "Consejos para los amigos". Comenten las respuestas de cada joven.

Para reforzar el punto "2", reparta a los jóvenes la hoja de actividades "Claves de la amistad" y trabajen con la actividad "Encontrando una verdadera amistad". Pídales que encuentren la cita escondida y conforme vayan terminando le entreguen la solución.

### Aplicando la Palabra

Ahora memoricen Proverbios 17:17 y comparta al grupo el resumen de la lección. Sin duda, podemos decir que los amigos son un regalo de Dios. Y la Biblia nos dice que si tenemos amigos y queremos conservarlos, debemos primeramente ser buenos amigos" (Proverbios 18:24).

El mejor lugar para buscar amigos es la iglesia. Lamentablemente, la diferencia del tiempo que pasan con los amigos de la escuela y el tiempo que pasan con los amigos de la iglesia es muy grande. Sin embargo, esta es una buena ocasión para crear oportunidades que fortalezcan los lazos de amistad entre los jóvenes del grupo.

Forme parejas de amigos que durante la semana compartan al menos una actividad. Puede hacerlo al azar, pidiendo que cada joven escriba en un papel su nombre y lo metan en una caja pequeña; posteriormente cada joven tomará un papel. Esto permitirá que en algunos casos una persona pueda compartir actividades con dos personas distintas (con el joven que tomó su papel y con el joven del papel que seleccionó).

Concluya con una oración similar a esta: "Dios, gracias por amarnos tanto y recordarnos que la amistad de Jonatán y David es un modelo para nuestras amistades. Ayúdanos a recordar que debemos compartir tu amor con los demás. Reconocemos que nuestros amigos son muy importantes; ayúdanos a no pasarlos por alto. En el nombre de Jesús, amén".

Respuestas: Hoja de actividades "Claves de la amistad"

"En todo tiempo ama el amigo.
Y es como un hermano en
tiempo de angustia"
Proverbios 17:17.

# La lección para...

## Abriendo la Palabra

Reparta la hoja de actividades "Mi registro oficial de amigos". Pida a los jóvenes que escriban el nombre de todos los amigos que han tenido en su vida (los que recuerden). La lista debe hacerse por orden de antigüedad, el más "viejo" será el número uno y el más reciente al final. También deberán marcar si todavía sigue siendo su amigo.

Una vez que todos hayan terminado, pregunte: ¿Cómo fue que conocieron a su primer amigo? ¿Qué les hizo entablar una relación de amistad? ¿Por qué creen que aquellas personas que ya no son sus amigos(as) dejaron de serlo?

El día de hoy hablaremos de la amistad y algunas de sus características. En el registro que llenaron incluyeron los nombres de algunas personas, pero seguramente conocen a muchas más. Pero el hecho de que no las hayan incluido nos ayuda a comprender que no todas las personas que nos rodean son realmente nuestros amigos.

Pida a los jóvenes que con menos de 10 palabras definan el término amistad. Cada uno deberá hacerlo por separado. Comenten y posteriormente comparta la introducción a la lección (narre alguna experiencia personal).

## Aplicando la Palabra

Ahora lean Proverbios 17:17 y pida que cada joven lo escriba en sus propias palabras y lo comparta con el resto de la clase. Una vez que haya quedado claro, pueden memorizarlo.

Presente el resumen de la lección y comente: "Sin duda, podemos decir que los amigos son un regalo de Dios. Y la Biblia nos dice que si tenemos amigos y queremos conservarlos, debemos primeramente ser buenos amigos" (Proverbios 18:24).

El mejor lugar para buscar amigos es la iglesia. Así que, pida al grupo que sugiera algunas ideas para fortalecer la amistad entre ellos. Ayúdelos a organizar alguna actividad para realizar durante la semana. Por ejemplo: Un día de campo, tomar un café, ver una película, jugar un partido de baloncesto, voleibol, fútbol, etc.

Concluya con una oración similar a esta: "Dios, gracias por amarnos tanto y recordarnos que la amistad de Jonatán y David es un modelo para nuestras amistades. Ayúdanos a recordar que debemos compartir tu amor con los demás. Reconocemos que nuestros amigos son muy importantes; ayúdanos a no pasarlos por alto. En el nombre de Jesús, amén".

## Profundizando en la Palabra

Este es el tiempo para leer el pasaje de estudio (1 Samuel 20). Le recomiendo que forme grupos para que lean desde el capítulo 16 para tener un panorama más amplio de los personajes a estudiar. Puede asignar un capítulo por grupo y posteriormente, cada grupo expondrá un resumen del capítulo que le tocó.

Desarrolle el punto "1" de la lección, "Una amistad fuera de serie". Al terminar de contar la historia de David y Jonatán, pida a los jóvenes que mencionen algunas características de la personalidad de cada personaje.

Una vez que descubrieron que cada uno tenía una forma de ser diferente, comparta el punto "2" de la lección, para analizar qué hizo posible que esas dos personalidades pudieran enlazarse perfectamente. Utilice la hoja de actividades "Consejos para los amigos". Comenten las respuestas de cada joven y den algunos ejemplos prácticos.

Analice con los jóvenes el carácter amoral de la amistad. Una pregunta generadora podría ser, ¿quién cree que la amistad puede ser mala? En esta lección se ha incluido información complementaria acerca de este tema y la puede encontrar en la sección de recursos complementarios de está lección.

"EN TODO TIEMPO AMA EL AMIGO, Y ES COMO UN HERMANO EN TIEMPO DE ANGUSTIA"
PROVERBIOS 17:17.

# HOJA DE ACTIVIDADES

## Claves de la amistad

### Completa la frase

Un amigo es alguien que ...

1.

2.

3.

4.

5.

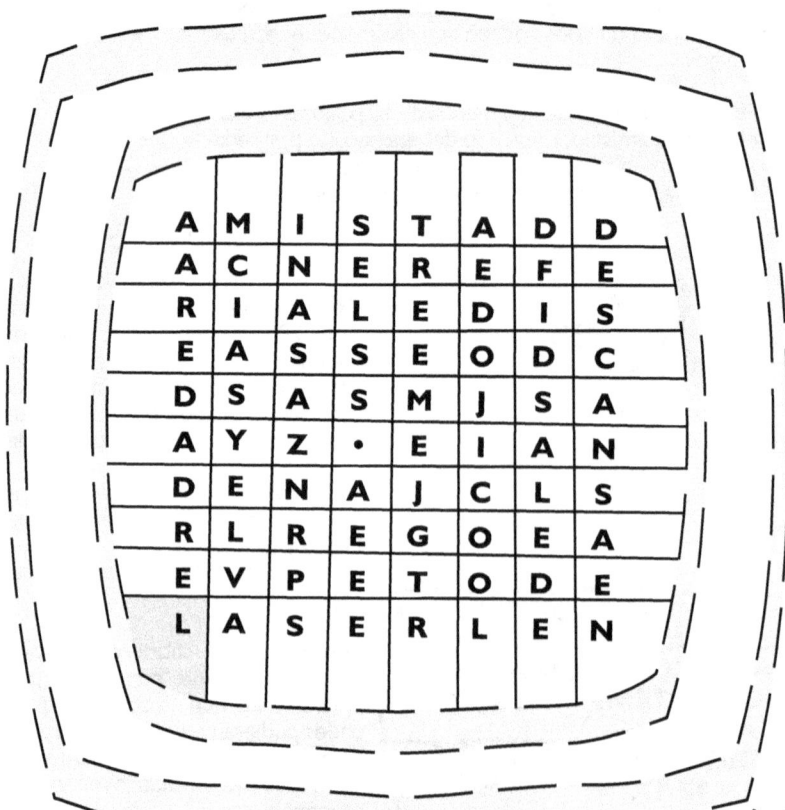

"En todo tiempo ama el amigo, y es como un hermano en tiempo de angustia"
Proverbios 17:17.

## "Encontrando una verdadera amistad"

Encuentra la cita escondida. Comienza con la letra del cuadro que está sombreado y continúa en cualquier dirección sin levantar el lápiz.

| A | M | I | S | T | A | D | D |
|---|---|---|---|---|---|---|---|
| A | C | N | E | R | E | F | E |
| R | I | A | L | E | D | I | S |
| E | A | S | S | E | O | D | C |
| D | S | A | S | M | J | S | A |
| A | Y | Z | • | E | I | A | N |
| D | E | N | A | J | C | L | S |
| R | L | R | E | G | O | E | A |
| E | V | P | E | T | O | D | E |
| L | A | S | E | R | L | E | N |

# HOJA DE ACTIVIDADES

# "Consejos para los amigos"

Tenemos muchos ejemplos de buenos amigos, pero el más claro ejemplo de amistad es Dios mismo. Es el mejor amigo que podemos tener.

A continuación encontrarás algunas citas bíblicas, que te ayudarán en la interesante tarea de ser un amigo extremo. Comenten.

Salmo 55:14

_____

Salmo 145:18

_____

Proverbios 17:17

_____

Proverbios 18:24

_____

Romanos 12:15

_____

Romanos 15:7

_____

Gálatas 6:2

_____

Colosenses 3:14

_____

Hebreos 10:24

_____

"En todo tiempo ama el amigo, y es como un hermano en tiempo de angustia"
Proverbios 17:17.

# HOJA DE ACTIVIDAD:

# Mi registro oficial de Amigos

| Nombre | ¿Todavía es tu amigo? | |
|---|---|---|
| 1. | Si | No |
| 2. | Si | No |
| 3. | Si | No |
| 4. | Si | No |
| 5. | Si | No |
| 6. | Si | No |
| 7. | Si | No |
| 8. | Si | No |
| 9. | Si | No |
| 10. | Si | No |
| 11. | Si | No |

"En todo tiempo ama el amigo, Y es como un hermano en tiempo de angustia" Proverbios 17:17.

# HOJA DE ACTIVIDADES

# UN REGALO ESPECIAL

## 1. Un Lapicero

*"En todo tiempo ama el amigo, Y es como un hermano en tiempo de angustia"*
*Proverbios 17:17.*

# Vale su peso en oro

David González

## DESARROLLO DE LA LECCIÓN

### INTRODUCCIÓN

«Guillermo era un joven de cabellera larga y un poco alborotada; vestía con una camiseta blanca y vieja, pantalones de mezclilla y sandalias. Era un poco extraño pero muy brillante. Un día, Guillermo decidió asistir a la iglesia que estaba enfrente de la universidad donde estudiaba. El servicio ya había comenzado, así que Guillermo buscó dónde sentarse. El templo estaba completamente lleno y no encontraba algún lugar vacío; entonces empezó a caminar por el pasillo central, acercándose cada vez más y más hacia el púlpito hasta que llegó a la plataforma y se sentó en ella, a un costado del púlpito.

La gente visiblemente molesta al ver lo sucedido, comenzó a murmurar. Cuando de pronto, desde atrás del templo, un anciano se levantó de su silla y empezó a caminar hacia donde estaba Guillermo. El hombre usaba un bastón para caminar y mientras iba hacia el muchacho, las personas de la congregación se decían a sí mismas que no lo podían culpar por lo que iba a hacer. ¿Cómo esperar que un hombre de su edad y de sus tradiciones tolerara que un joven se sentara en la plataforma?

El silencio reinó y todos los ojos estaban puestos sobre el anciano, quien con gran dificultad llegó hasta la plataforma. Entonces, se agachó y se sentó junto a Guillermo y comenzó a cantar junto a él para que no se sintiera solo».

Lo invito a leer nuevamente esta historia, pero ahora le pido que se ponga en el lugar de uno de los asistentes de este servicio. ¿Qué pasaría por su mente al ver a Guillermo caminar por el pasillo? Al ver el aspecto de este joven, ¿le pediría que se sentase en la parte de atrás, o de plano que abandonara el templo? De ser así, lo comprendo, las apariencias nos ayudan a emitir un juicio acerca de las personas, pero hoy hablaremos sobre la importancia de valorar a las personas no por lo que aparentan, sino por lo que realmente son.

### 1. LA PRIMERA IMPRESIÓN ES LA QUE CUENTA. ¿SERÁ CIERTO?

Hoy más que nunca existe un culto exagerado hacia las apariencias, a lo externo, a la imagen superficial de una persona. Sin embargo, esto no es de sorprendernos. Desde los tiempos antiguos la apariencia ha sido uno de los criterios de valoración más importantes. Nosotros mismos, a lo largo de nuestra vida, quizá hayamos emitido un juicio acerca de una persona, por la apariencia de ella; y más adelante nos hemos dado cuenta de que estábamos muy lejos de la realidad.

Es más, haga el siguiente ejercicio mental: ¿Cuál sería su reacción si va manejando en su carro, con la ventana abajo y ve venir caminando en dirección hacia usted a un hombre sucio y despeinado? Creo que por instinto de supervivencia subiría rápidamente la ventanilla. ¿O acaso estoy equivocado? No me malinterprete, no quiero decir que ser precavido esté mal. Lo que quiero decir es que muchas veces nuestra apreciación de una persona puede estar equivocada si la basamos exclusivamente en la apariencia. No lo culpo, hemos sido educados así, ya sea intencionalmente o no. Permítame explicarle por qué me atrevo a decir lo anterior:

**A** **Nuestra sociedad valora la belleza.** Ésta en sí misma no es negativa ya que no existe nada de malo o pecaminoso en ella. El problema es que, según las investigaciones que han estudiado la relación entre el poder y la belleza, la percepción que la gente tiene del elemento estético a la hora de valorar a una persona podría resumirse en la frase: "lo bello es bueno, lo feo es malo".

**B** **A nuestra sociedad no parece importarle mucho el interior.** Los sentimientos y los criterios éticos pasan a un segundo término. Las personas populares no están en ese lugar porque sean moralmente buenas, sino porque poseen dinero y han logrado el éxito en

**Pasaje de estudio:** 1 Samuel 16:1-13.

**Versículo para memorizar:** "...porque Jehová no mira lo que mira el hombre; pues el hombre mira lo que está delante de sus ojos, pero Jehová mira el corazón" 1 Samuel 16:7b.

**Principio bíblico:** El valor de las personas se mide de acuerdo a lo que Dios ve en ellas.

**Propósito:** Que el alumno comprenda que el valor de una persona no consiste sólo en la apariencia, sino en las cualidades internas y externas, consideradas por lo que Dios puede hacer con ellas.

diversas esferas como el deporte, la música, la política, las artes, etc.

**C** **La sociedad establece juicios por lo es funcional y atractivo a la vista.** Esto significa que la actitud de muchas personas hacia otras está basada en el prototipo que la sociedad ha marcado. Por ejemplo, en una empresa es más probable que se contrate a una persona que físicamente es más joven y atractiva que una que es mucho mayor y no tan atractiva, aun cuando profesionalmente sea más capaz la última.

El Dr. James Dobson, reconocido psicólogo, dice: "La belleza, la inteligencia y el dinero son los tres atributos a los que se da el más alto valor en nuestra sociedad". Esto nos ayuda a entender por qué muchos jóvenes construyen su autoestima guiados exclusivamente en estos tres elementos. En realidad, ninguna de estas tres características es mala, pero cuando nos atenemos exclusivamente a ellas, pueden ser devastadoras para nuestra propia imagen, limitan nuestro desarrollo en todas las demás áreas que integran nuestra personalidad.

**2 LA MEDIDA JUSTA**
El problema de valorar a las personas según las apariencias no es algo nuevo. Incluso Samuel, el profeta y sacerdote de Israel, se dejó llevar por lo que sus ojos veían. Esto lo podemos ver en el pasaje de estudio de la lección, en el que se nos narra la historia del ungimiento de David.

Ya Samuel había tenido una pequeña lección cuando ungió a Saúl (1 Samuel 9). Saúl pertenecía a una tribu pequeña, así que no se esperaría que alguien de esa tribu fuera elegido rey de Israel. Sin embargo, Dios había escogido a Saúl, pensando en lo que podía hacer en su vida, siempre y cuando él fuera obediente a su Palabra. Lamentablemente la desobediencia de Saúl lo llevó a

su propia destrucción. Así que ahora Samuel tenía una misión más: Debía ir en busca del nuevo rey de Israel.

Quizá Samuel se confundió con la experiencia anterior, ya que Saúl era una persona de hermosa apariencia. En realidad, ¡la hermosura física de Saúl no tenía punto de comparación! Pero Dios tenía puesta su vista más allá de la apariencia física. Y esto lo pudo comprobar Samuel, ya que al llegar a la casa de Isaí y ver desfilar a cada uno de los hijos de Isaí, pensaba que la persona correcta estaba frente a él. No obstante, Dios le dijo: ¡No mires la apariencia, ni lo alto de su estatura pues yo lo he rechazado! (1 Samuel 17:7a).

Finalmente cuando David es traído a Samuel por su padre, el profeta se da cuenta de que es un joven de buena presencia, pero aún era un "jovencito". Entonces, Dios le dice: "Este es el hombre indicado". ¡Vaya conflicto mental en Samuel! Dios le estaba mostrando que lo realmente importante era que el corazón de David era de acuerdo a su voluntad. Más allá de su apariencia física, David tenía un interior hermoso.

Lo anterior significa que, Dios no está en contra de la belleza física, sin embargo, Él está interesado en una belleza integral, con un énfasis mucho mayor en la belleza interior. Es decir, para Dios lo esencial en el ser humano es la belleza del corazón, sus intenciones y decisiones.

**ASIGNANDO UN VALOR CORRECTO**
¿Cómo me afectan las apariencias a mí, como cristiano? Los cristianos somos hijos de Dios, pero vivimos en una sociedad con pensamientos muchas veces opuestos a los de Dios. Por lo tanto, no estamos exentos de ser influidos en la manera de valorar a las personas. En este sentido corremos el riesgo de apreciar a las personas según las apariencias. Así mismo, existe el peligro de dar demasiada aten-

ción a nuestra apariencia física con tal de ser aceptados o altamente valorados por las personas que nos rodean.

Le confieso que alguna vez me dejé llevar sólo por lo que mi vista percibía, y no valoré muchas cualidades en las personas que me rodeaban. Es más, debo reconocer que en algunos casos probablemente influí negativamente en la construcción de la autoestima en alguno de mis amigos o compañeros de escuela. No obstante, quizá mi peor falta fue limitar mi valoración de las personas por lo que veía en el presente y no por lo que Dios podía hacer en ellas en un futuro. Y quizá éste sea el problema de algunos cristianos que han cerrado su círculo de amistades cristianas, y han perdido de vista que Dios ama al pecador y lo recibe tal como es, con el propósito de formar de él una nueva persona.

El caso de Samuel y David es un claro ejemplo de la valoración presente y futura de Dios. ¿Acaso David, a su corta edad, podía ser un buen rey para Israel? "Si, yo confío en él, yo sé que tiene un corazón dispuesto a agradarme", fue la repuesta de Dios. David no tenía experiencia en la guerra, tampoco tenía una gran preparación académica, ni siquiera era popular; pero era temeroso de Dios y aunque no era perfecto (en capítulos posteriores del libro de Samuel lo podemos comprobar), Dios vio que el interior de David era sincero y puro en su deseo de agradarle, y esto se reflejaba en su exterior y en el trato con los demás.

# RESUMEN

El deseo del corazón de Dios es que nosotros seamos semejantes a Él, pues ese fue su diseño original: Dios nos creó a su imagen y semejanza. Por otro lado, Satanás desde el inicio se propuso destruir la imagen de Dios reflejada en el ser humano. Cuando la serpiente tentó a Adán y Eva lo hizo con ese propósito: Separarlos de Dios, quitándoles su valor como hijos de Dios. Y déjeme decirle que lo logró, ya que al engañar al ser humano, provocando su caída, distorsionó la imagen de Dios en el ser humano.

Sin embargo, hay buenas noticias. Dios sigue dándonos un valor especial porque somos su creación. Él ve en el ser humano la posibilidad latente de que su imagen en nosotros sea restaurada, tal como lo diseñó en un inicio. El sacrificio de Jesucristo en la cruz nos provee la oportunidad de recuperar ese valor con el que fuimos creados. Y una vez que la salvación es recibida en el corazón de cada persona, está lista para producir un fruto abundante. Un fruto que nace del mismo corazón del hombre, ahora restaurado por Dios (Gálatas 5:22-23).

Cuando nosotros somos capaces de comprender toda la obra creadora y salvadora de Dios, entonces podemos ver más allá del aspecto físico y profundizar en el conocimiento interior de cada persona. El profeta Samuel pudo ver lo que Dios veía en David: que era un hombre de acuerdo al corazón de Dios.

Concluimos entonces que el valor de las personas se basa en que son creación de Dios (Salmo 129:13-15), son (o pueden ser) salvas por el amor y la gracia divina (Juan 3:16, Efesios 2:8) y están siendo moldeadas en su interior por el Espíritu Santo (2 Corintios 3:18).

## RECURSOS COMPLEMENTARIOS

**Materiales didácticos:**
1. Pizarra y hojas para rotafolio
2. Marcadores o tiza (gis)
3. Biblias
4. Fotocopias de las hojas de actividades
5. Lápices o bolígrafos
6. Cinta adhesiva (tape)
7. Tijeras
8. Papel de colores
9. Ropa de diversos estilos
10. Pinturas para maquillar
11. Cartón
12. Tarjetas recortadas de la hoja de actividades "Este es mi trabajo"

**Definición de términos:**
**Valor.** Cualidad física, intelectual o moral de alguien: persona de gran valor.
**Apariencia.** Aspecto o parecer exterior.

**Dinámica: "La silla de los halagos":**
Ponga dos sillas en el centro del grupo (una frente a la otra) y pida a un joven o a una señorita que pase a ocupar una de las sillas, a la que llamaremos, "la silla de los halagos". Una vez que el joven o señorita se haya sentado, pida a los otros participantes que pasen uno por uno, se sienten en la otra silla y le digan una frase que motive a la persona que ocupa la silla de los halagos. Por ejemplo: *"Tienes una gran sensibilidad hacia las necesidades de los demás".*

El ejercicio terminará cuando todos los jóvenes hayan ocupado la silla de los halagos y hayan recibido las palabras de estímulo de sus compañeros.

# La lección para...

### Abriendo la Palabra

Esta lección tiene una enseñanza que es muy pertinente para los adolescentes, ya que están en una etapa en la que les es muy fácil calificar a las personas por sus características físicas, por ejemplo: el gordo, el seco, el chaparro, el dientudo, etc. Aún cuando no tengan la intención de lastimar o destruir la autoestima de otros adolescentes es muy común que lo hagan. Por esa razón, durante el transcurso de la lección deberá insistir en que los adolescentes estén dispuestos a desarrollar hábitos de ayuda a los demás y no de destrucción.

Con suficiente tiempo de anticipación contacte a dos personas que representen el papel de personas que están solicitando empleo. Una de las personas deberá vestir elegantemente y la otra de manera muy sencilla. Usted presentará al grupo a estas dos personas, pero solamente les dirá el nombre de cada uno. Y tomando como referencia el nombre y la presencia de ellos en ese lugar, cada uno deberá escribir en una hoja de papel, todo lo que se imaginan de cada persona. Algunos temas que pueden incluir en esa descripción son: edad, trabajo, posición social, estado civil, antecedentes delictivos, etc.

Después de unos cinco minutos, pida que cada adolescente lea lo que escribió de cada personaje. Luego, pregunte:¿Qué tanto influyó la apariencia de cada uno en la descripción que hicieron?, ¿Creen que el hecho de que una persona estaba vestida elegantemente les hizo describirle de una manera más agradable que a la otra?, ¿Creen que fue justa la descripción que hicieron de la persona vestida humildemente?

Después de que algunos adolescentes compartan sus respuestas, exponga la introducción a la lección.

### Profundizando en la Palabra

Entregue la hoja de actividades, "Precaución: se construye una autoestima". Esta evaluación permitirá a los adolescentes conocer qué valor dan a las personas que les rodean.(Las respuestas de esta actividad no tienen una escala de valoración).

Una vez que todos terminaron la evaluación, lean 1 Samuel 16:1-13. Elija con suficiente tiempo de anticipación a algunos voluntarios para que dramaticen la historia. Una vez que hayan terminado, comparta el punto "1", "La primera impresión es la que cuenta. ¿Será cierto?".

Ahora exponga el punto "2", "La medida justa". Antes de tocar el tema pídale al grupo que piense en algunos amigos a los que les ha expresado comentarios que no son agradables, o que no les gustaría que les dijeran a ellos. Utilice la hoja de actividades, "Peligro: derrumbe a la vista". Hágales ver que quizás algunas veces en lugar de ayudar a alguien a sentirse motivado, sus comentarios le hicieron sentirse rechazado o menospreciado. Esto le servirá de puente para compartir el punto "3", "Asignando un valor correcto".

### Aplicando la Palabra

Pida a un adolescente que lea en voz alta 1 Samuel 16:7. Enseguida, memoricen la segunda parte del versículo, pida a dos o tres que expliquen lo que entienden de ese versículo.

Entregue la hoja de actividades, "Pásame otro ladrillo". Pegue esta hoja en la espalda de cada adolescente, reparta lapiceros o bolígrafos a cada uno e invíteles a que escriban en la hoja de cada adolescente algo que valoren de él o ella y que sea motivador. Por ejemplo: 1) Valoro mucho tu sentido del humor. 2) Valoro mucho tu disposición a servir a los demás.

Después de unos cinco minutos, pídales que cada uno lea lo que los demás le escribieron en su hoja, e invite al grupo a meditar todos los días de la semana en las cosas buenas que pueden encontrar en sus compañeros de escuela, sus padres, sus hermanos, sus amigos del vecindario, etc.

Concluyan compartiendo el resumen de la lección, ayúdeles a comprender que es importante que nos ayudemos unos a otros a construir una autoestima saludable. Haga una oración, pidiéndole a Dios que les ayude a ver más allá de las apariencias y que cada día aprendan a valorar las cosas positivas de la gente que les rodea.

"...Porque Jehová no mira lo que mira el hombre; pues el hombre mira lo que está delante de sus ojos, pero Jehová mira el corazón"
1 Samuel 16:7b.

# La lección para...

## Abriendo la Palabra

Al iniciar la lección pida a los jóvenes que caractericen a diferentes personajes. Entregue a cada joven un papel con la descripción del personaje a representar, pidiéndole que no lo haga saber a nadie. Una posible lista es la siguiente:

| | | | |
|---|---|---|---|
| 1. | Un ladrón | 7. | Un maestro de escuela |
| 2. | Un príncipe | | |
| 3. | Un pandillero | 8. | Una miss universo |
| 4. | Un banquero | 9. | Un carpintero |
| 5. | Un policía | 10. | Un diputado |
| 6. | Un jugador de fútbol | 11. | Otros. |

Le sugiero que si es posible, lleve al lugar de la reunión mucha ropa para que los jóvenes puedan disfrazarse, pinturas para que se maquillen, papel de colores, tijeras, etc. Una vez que todos se disfrazaron, pida que uno por uno pase al centro, mientras los demás intentan adivinar qué personaje está representando.

Después de que todos hayan desfilado, pregunte:
• ¿Creen que la apariencia de cada personaje describa realmente lo que la persona es?

Después de que algunos jóvenes compartan sus respuestas, exponga la introducción a la lección.

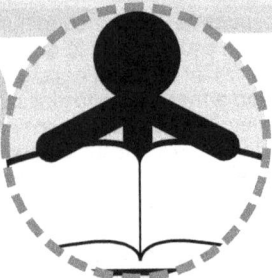

> "...Porque Jehová no mira lo que mira el hombre; pues el hombre mira lo que está delante de sus ojos, pero Jehová mira el corazón"
> 1 Samuel 16:7b.

## Profundizando en la Palabra

Entregue la hoja de actividades, "¡Precaución! se construye una autoestima". Esta evaluación permitirá a los jóvenes conocer qué valor dan a las personas que les rodean (Las respuestas de esta actividad no tienen una escala de valoración).

Una vez que todos terminaron la evaluación, lean 1 Samuel 16:1-13. Pida que cada joven lea un versículo, hasta que se hayan leído los trece versículos. Después de la lectura, comparta el punto "1", "La primera impresión es la que cuenta ¿Será cierto?".

Ahora exponga el punto "2", "La medida justa". En este punto hágales ver que quizás algunas veces en lugar de ayudar a alguien a sentirse motivado, sus comentarios le hicieron sentirse rechazado o menospreciado. Le sugiero que comparta alguna experiencia personal, ya sea al recibir un comentario que le lastimó o que usted haya hecho hacia otra persona. Esto le servirá de conexión con el punto "3", "Asignando un valor correcto".

## Aplicando la Palabra

Este es el momento para memorizar 1 Samuel 16:7b. Pida a dos o tres jóvenes que lo expliquen en sus propias palabras. Enseguida entregue a cada joven la hoja de actividades, "Pásame otro ladrillo". Pegue esta hoja en la espalda de cada joven, reparta lapiceros o bolígrafos a cada uno, e invíteles a que escriban en la hoja de cada persona algo que valoren de él o ella y que sea motivador. Por ejemplo: 1) Valoro mucho tu sentido del humor. 2) Valoro mucho tu disposición a servir a los demás.

Después de unos cinco minutos, pídales que cada uno lea lo que los demás le escribieron en su hoja, e invite al grupo a meditar todos los días de la semana en las cosas buenas que pueden encontrar en sus compañeros de escuela, sus padres, sus hermanos, sus amigos del vecindario, etc.

Concluyan compartiendo el resumen de la lección, ayúdeles a comprender que es importante que nos ayudemos unos a otros a construir una autoestima saludable. Haga una oración, pidiéndole a Dios que les ayude a ver más allá de las apariencias y que cada día aprendan a valorar las cosas positivas de la gente que les rodea.

# La lección para...

## Jóvenes mayores (19 - más)

### Abriendo la Palabra

Al iniciar la lección invite a los jóvenes a participar en un proyecto de construcción. Dependiendo del número de jóvenes puede dividirlos en grupos de 5 ó 6 jóvenes. Entregue materiales como cartoncillo, marcadores, pegamento, papel de colores, palitos de madera, tijeras, etc. La tarea consiste en construir el hospital del país de "Gran valor".

**Nota:** Recorte suficientes tarjetas de funciones para cada integrante del equipo las cuales encontrara en la hoja de actividades "Este es mi trabajo".

Reparta y diga a los jóvenes que sigan las instrucciones de la tarjeta que han recibido, pero no les digan a los demás cuál es su tarea asignada ni compartan alguna información de su responsabilidad con alguien.

Permita que trabajen durante cinco minutos, siendo cuidadoso de no intervenir en el caso de que surja algún conflicto o frustración en el grupo.

Al terminar la actividad y ver los resultados finales de cada grupo, haga las siguientes preguntas: ¿Cómo se sintieron al tratar de cumplir con la tarea que se les asignó?, ¿Qué fue lo más difícil de la misión del grupo?, ¿Cuál fue su reacción al intentar cumplir con tu tarea y ver que otros eran indiferentes, te bloqueaban o simplemente buscaban hacer otras cosas?

Después de que algunos jóvenes compartan sus respuestas, comparta la introducción a la lección o comente lo siguiente:
"Hoy hablaremos de la importancia de nuestro papel en la construcción de la autoestima de las personas con las que convivimos. Quizá nunca hemos evaluado el grado de influencia que tenemos en los demás (así como ellos en nosotros), por esa razón nos hemos limitado a apreciar simplemente la apariencia física. En esta lección reflexionaremos en lo importante que es valorar las cualidades internas y externas de la gente que nos rodea y ayudarles a construir una autoestima saludable".

### Profundizando en la Palabra

Lean en silencio 1 Samuel 16:1-13. Una vez que todos hayan leído el pasaje, comparta el punto "1", "La primera impresión es la que cuenta ¿Será cierto?".

Exponga el punto "2", "La medida justa". En este punto puede utilizar la hoja de actividades, "¡Peligro: Derrumbe a la vista!". Tome como referencia la dinámica que utilizó al inicio de la lección y hágales ver que quizás algunas veces en lugar de ayudar a nuestros amigos a construir una autoestima saludable, nuestros comentarios les han desmotivado o les han afectado negativamente. Invite a alguno de los jóvenes a compartir alguna experiencia personal, ya sea al recibir un comentario que le lastimó o por el contrario un comentario que él o ella expresó, afectando negativamente en la autoestima de alguien. Esto le servirá de enlace para compartir el punto "3". "Asignando un valor correcto".

### Aplicando la Palabra

Invite al grupo a memorizar la segunda parte del versículo que se encuentra en 1 Samuel 16:7. Pida a dos o tres jóvenes que lo expliquen en sus propias palabras.

Es importante que los jóvenes pongan en práctica lo aprendido en la lección. Una manera muy sencilla es que entre ellos mismos se expresen frases motivadoras en las que valoren sus cualidades internas. Use la dinamica "La silla de los halagos" que puede encontrar en la lección de recursos complementarios.

Concluya compartiendo el resumen de la lección, enfatizando la importancia de ayudarnos unos a otros a construir una autoestima saludable. Haga una oración, pidiéndole a Dios que les ayude a ver más allá de las apariencias y que cada día aprendan a valorar las cosas buenas de la gente que les rodea.

*"...Porque Jehová no mira lo que mira el hombre; pues el hombre mira lo que está delante de sus ojos, pero Jehová mira el corazón"*
*1 Samuel 16:7b.*

# HOJA DE ACTIVIDADES

# ¡Precaución! Se construye una autoestima

A continuación encontrarás una serie de preguntas que te ayudarán a evaluar qué tanto valoras a tus amigos, familia o personas con las que convives.

| | Nunca | A veces | Siempre |
|---|---|---|---|
| ¿Te gusta criticar? | | | |
| ¿Prefieres amigos y amigas que sean inteligentes? | | | |
| ¿Si alguien es pobre evitas la amistad con él o ella? | | | |
| ¿Eres una persona que perdona? | | | |
| ¿Escuchas antes de dar un consejo? | | | |
| ¿Aceptas perder en los juegos? | | | |
| ¿Siempre crees tener la razón? | | | |
| ¿Te enojas fácilmente? | | | |
| ¿Le has puesto algún apodo a un amigo o amiga? | | | |
| ¿Reconoces el buen trabajo de tus amigos y amigas? | | | |
| ¿Apoyas a tus amigos y amigas para alcanzar sus metas? | | | |

"...Porque Jehová no mira lo que mira el hombre; pues el hombre mira lo que está delante de sus ojos, pero Jehová mira el corazón" 1 Samuel 16:7b.

# HOJA DE ACTIVIDADES

## ¡Peligro: Derrumbe a la vista!

| Nombre del amigo | Comentario desagradable |
|---|---|
| **Ejemplo:** *Miriam Ortiz (compañera en tercer grado).* | *Ella usaba lentes y le decía que era una "cuatro ojos".* |
| | |
| | |
| | |
| | |
| | |
| | |
| | |
| | |
| | |
| | |
| | |

*"...Porque Jehová no mira lo que mira el hombre; pues el hombre mira lo que está delante de sus ojos, pero Jehová mira el corazón"*
1 Samuel 16:7b.

# HOJA DE ACTIVIDADES

## Pásame otro ladrillo

Ayúdame a construir mi autoestima. Escribe alguna cualidad que valores de mí.

1. **Valoro de ti** _____

2. **Valoro de ti** _____

3. **Valoro de ti** _____

4. **Valoro de ti** _____

5. **Valoro de ti** _____

6. **Valoro de ti** _____

7. **Valoro de ti** _____

8. **Valoro de ti** _____

9. **Valoro de ti** _____

10. **Valoro de ti** _____

Gracias por ser amable conmigo.

_____

Nombre del propietario de esta hoja

"...Porque Jehová no mira lo que mira el hombre; pues el hombre mira lo que está delante de sus ojos, pero Jehová mira el corazón"
1 Samuel 16:7b.

# HOJA DE ACTIVIDADES

Revista Jóvenes de Discipulado # 2 - Vale su peso en oro

# ESTE ES MI TRABAJO

**Ingeniero:** Eres el líder del proyecto. Deberás involucrar a todos en el trabajo.

**Supervisor:** Sólo eres un observador pasivo en las actividades. Aún cuando te pidan que participes, no lo hagas. Sé creativo al dar tus excusas para no trabajar.

**Director de Recursos Humanos:** Ayuda a otros a realizar su tarea, platica con ellos, sé lo más amable que puedas.

**Inspector del Gobierno:** Tú solo deberás revisar que la construcción no tenga defectos. De haber algo que esté mal o no te guste, debes decírselo al resto de tus compañeros, y de no hacerte caso, simplemente… ¡deshazlo!

**Obrero:** Tú sólo deberás recibir órdenes. No propongas algún plan de acción, sólo cumple con lo que se te pide.

**Arquitecto:** Organiza al grupo para construir el edificio. Permite que unos te ayuden, pero tú deberás realizar la mayor parte del trabajo. Quizá haya alguna persona que quiera asumir el liderazgo e imponer su opinión, pero recuerda que tú eres la persona creativa así que no permitas que te dirijan.

"...Porque Jehová no mira lo que mira el hombre; pues el hombre mira
lo que está delante de sus ojos, pero Jehová mira el corazón"
1 Samuel 16:7b.

# 04

# El secreto de la eterna juventud

Raquel Ramos Torres

## DESARROLLO DE LA LECCIÓN

### INTRODUCCIÓN

En el tiempo de Moisés, Dios hizo un pacto con su pueblo: Él sería su Dios, y ellos le amarían y obedecerían sus leyes. Es importante recordar que Dios dio los mandamientos para ayudar a su pueblo a vivir mejor y para darles a conocer cómo debían relacionarse con Él y con otras personas. Analicemos pues, el mandamiento que nos habla de la relación entre los hijos y los padres.

### 1 UN MANDAMIENTO ES UNA LEY

A todo lugar donde tus pies te lleven existen leyes que deben obedecerse; leyes sociales que hacen que la vida resulte ordenada y equilibrada. En la vida cristiana, los mandamientos deben obedecerse para que tu vida esté llena de felicidad y muestres tu amor a Dios.

Éxodo 20:12 es el primer mandamiento que habla de las relaciones entre los seres humanos. Esta ley moral es básica, implica una responsabilidad para todos los hombres y provee disciplina mediante la cual podamos ser conformados a la santidad de Dios. La primera relación que una persona tiene con sus semejantes es la relación con sus padres y para el Señor es fundamental que les honremos.

¿Qué consecuencias hay cuando no se cumplen las leyes? Siempre existirán resultados agradables o desagradables al obedecer o al pasar por alto las leyes. Tal vez habrá escuchado decir que "las leyes fueron hechas para romperse". Esto es un error sin lugar a dudas; toda ley que se rompe traerá consecuencias desagradables. En el caso de la vida cristiana es igual, ya que las leyes fueron dadas por Dios para cumplirse. El cumplimiento de las leyes divinas traen consigo bendición, por el contrario, el quebrantarlas trae maldición.

### 2 Un mandamiento dirigido a los hijos

Dios comenzó la lista de los mandamientos referentes a las relaciones de los seres humanos, haciendo énfasis en la relación de los hijos y sus padres. La "honra" a los padres significa obediencia y respeto.

La mayoría de los adolescentes tienen actitudes negativas hacia los padres, talvez pueden avergonzarse de ellos, ofenderles, desobedecer reglas y peticiones, retarlos verbalmente o con acciones, mostrarse rebeldes, etc.

La televisión y otras formas de entretenimiento han convertido la figura de los padres en "gente pasada de moda", los jóvenes de su edad son los nuevos héroes. En libros y películas, los personajes jóvenes son sabios, entendidos y desafiantes; mientras que los adultos y personas en posición de autoridad parecen carecer de todo esto. La imagen creada por la industria del entretenimiento contradice la relación

Pasajes de estudio: Éxodo 20:12; Efesios 6:1-3; Colosenses 3:20.

Versículo para memorizar: "Honra a tu padre y a tu madre, para que tus días se alarguen en la tierra que Jehová tu Dios, te da" Éxodo 20:12.

Principio bíblico: El honrar a los padres trae como recompensa una vida llena de bendiciones.

Propósito: Ayudar al joven a comprender que el respeto hacia los padres se refleja a través de nuestras acciones y actitudes hacia ellos.

que se enseña en el quinto mandamiento (Éxodo 20:12).

"Honra a tu padre y a tu madre" es probablemente el mandamiento que más rompen los adolescentes y jóvenes. Ellos deben darse cuenta de que cuando desobedecen o no respetan a sus padres, también están desobedeciendo a Dios. El apóstol Pablo también nos dejó esta enseñanza en Efesios 6:1 y Colosenses 3:20.

Los hijos que quieren ser justos en su relación con sus padres deben obedecer esta ley en particular. La obediencia a los padres los "honra". No basta con tener la intención de obedecer, debe haber obediencia real para que el honor a los padres sea evidente. Quizá surge un problema cuando se pide a los hijos obediencia a los padres, aunque éstos no sean cristianos. En esta situación, ¿deben entonces los hijos obedecer a sus padres? Cuando los hijos son pequeños, en realidad no tienen muchas opciones para elegir, simplemente tienen que obedecer y sujetarse a la persona que les provee vivienda, alimento, educación, diversión, entre muchas otras cosas. Desde luego, cuando la integridad de los hijos está en riesgo, las instituciones (incluyendo la iglesia) y otros familiares deben proveerle ayuda inmediata al niño y protegerlos de los padres abusadores.

También debemos considerar que es natural que cada individuo al crecer y asumir las responsabilidades de un adulto forme su propio criterio. Esto les permite evaluar si las instrucciones de los padres están de acuerdo con las normas bíblicas y de acuerdo a esta evaluación deberán tomar sus propias decisiones.

## ③ UN MANDAMIENTO CON PROMESA

Dios siempre otorga recompensa a la obediencia. Por lo tanto nos conviene obedecer, ¡he aquí el secreto para una larga vida! Lea nuevamente Éxodo 20:12 y Efesios 6:3 y analice las promesas de Dios.

¡Las promesas divinas son estupendas! Y ¡Dios siempre las cumple! Más de uno quisiera apropiarse de ellas al guardar este estatuto. Con el mandamiento de la obediencia a los padres se incluyó una doble promesa: Prosperidad y Longevidad (Efesios 6:3).

¿Podemos interpretar correctamente nuestra prosperidad y nuestra longevidad como beneficios de la obediencia? La nación cuyos hijos son obedientes permanece bajo la bendición de Dios, y el individuo que también lo es, tiene prometida una vida más larga.

La familia cristiana tiene una perspectiva diferente a la que tiene una familia no creyente. Los padres cristianos tienen el temor de Dios, por lo tanto, toman como guía de vida la Palabra de Dios. No obstante, esto no los exime de cometer errores. ¡Siguen siendo humanos! Los hijos deben comprender que aún cuando sus padres se equivoquen, esto no significa que lo hayan hecho intencionalmente. Al contrario, las decisiones de los padres cristianos son tomadas buscando el beneficio de sus hijos.

## RESUMEN

Honrar a los padres no significa exclusivamente obedecerles. Va más allá. Implica apreciarles, quererles, elogiarles, valorarles, aún perdonarles y comprenderles.

En esta época superficial, en la que los valores eternos están siendo desnaturalizados y pasados por alto, la tarea de honrar a los padres se vuelve difícil de llevar a cabo. La industria del entretenimiento contradice la relación que enseña el quinto mandamiento, ya que devalúan la figura de los padres, provocan rebeldía ante su posición de autoridad y los hacen parecer carentes de inteligencia, mientras que los jóvenes son los nuevos gigantes, sabios, entendidos y desafiantes, creando de parte de la juventud actitudes negativas hacia los padres.

Parece que muchos hemos actuado, al menos una vez, deshonrando a nuestros padres. El deseo de Dios es bendecirnos y darnos una vida satisfecha. Es por eso que nos provee de un ambiente ideal que es la familia. Y sin duda, algo indispensable es que nuestras acciones honren a nuestros padres. Dios desea que cumplamos este mandamiento, pero también quiere ayudarnos a cumplirlo. Su Palabra dice que Él es el que produce en nosotros así el querer como el hacer por su buena voluntad (Filipenses 2:13).

¡las promesas de Dios son mías!

**Materiales didácticos:**
1. Pizarra u hojas para rotafolio
2. Hojas blancas, lápices y cinta adhesiva
3. Marcadores o tiza (gis)
4. Fotocopias de las hojas de actividades

**Definición de términos:**

**Honrar.** Es mostrar respeto por alguien. Es tener buenos pensamientos acerca de alguien. Honrar es pensar que alguien es especial. Para Dios es muy importante que los hijos honren a los padres y ha prometio recompensa para quienes lo hacen.

**Antónimos:** Para Apreciar: Despreciar, Aborrecer.
Para Elogiar: Humillar, Criticar, Calumniar.
Para Valorar: Devaluar, Menospreciar, Rebajar.

**Ilustración:**

### El retrato de Dorian Gray
### Síntesis de la novela "La fuete de la eterna juventud" de Oscar Wilde

El relato comienza con Basil Hallward enunciando proféticamente a Lord Henry, "La armonía de cuerpo y alma - ¡cuánto es eso! Nosotros en nuestra locura hemos separado a ambas". Basil es un pintor relativamente famoso de carácter retraído y apariencia física poco notable, quien admira de una forma casi afeminada la belleza del personaje principal de la novela (Dorian Gray). Basil presenta a Dorian Gray con Lord Henry, mientras Dorian posa para un retrato que Basil le está realizando. Dorian, después de ver su retrato terminado, hace una manifestación estruendosa, influida por la conversación que Lord Henry sostenía con él, diciendo: "Si sólo esta pintura se pusiera vieja y fea y yo permaneciera igual, en lugar de lo opuesto.", "Por ello, por ello, ¡yo daría todo! ... yo daría mi alma por ello".

Este deseo se vuelve su primer crimen, el punto desde el cual todo el drama en la historia se desenvuelve, su aspiración de permanecer joven. El anhelo lentamente se vuelve realidad, y se encuentra a sí mismo libre de las manifestaciones físicas de sus pecados, piensa entonces que es libre de culpa y moralidad también, y el retrato por si sólo se convierte en el espejo perfecto de retrospectiva.

Como el retrato de Dorian muestra las consecuencias de sus pecados, cada crimen que comete hace a la imagen más grotesca. La primera manifestación ocurre cuando Dorian se desenamora de la actriz Sybil Vane y la trata cruelmente. Su rostro no cambia, pero el retrato desarrolla una cruel sonrisa de desprecio. Dorian se horroriza, esconde el retrato y determina enmendar sus faltas, pero antes de que tenga oportunidad, Sybil se suicida.

Libre de la restricción, Dorian comienza a arruinar vidas en serio. A través de sus actos, la reputación de Dorian comienza a modificarse hasta el punto en que algunos no deseen ni estar en el mismo cuarto con él, y se hace de varios enemigos. En un intento de avergonzar a Dorian para que se reforme, Hallward lo persuade a revelar el retrato, pero Dorian mata a Hallward cuando ve la horrorizada reacción del pintor, y esconde toda evidencia que haga conocer su ahora malévolo espíritu.

Sólo cuando la retribución toma la forma de otra persona es que Dorian descubre que su consciencia está todavía dentro de él. Crece paranoico mientras que James Vane, el hermano de Sybil, comienza a acecharlo. Dorian ve la cara de James en todos lados. Las sombras vienen, y Dorian, desesperado, no puede eliminar sus propias memorias de maldad: El defecto trágico de Dorian, su creencia en la separación de cuerpo y alma, lo guía a creer que puede eliminar su culpa destruyendo el retrato. Sin embargo, las palabras de Hallward prueban ser proféticas, Dorian está loco al tratar de separar cuerpo y alma. Intentando destruir el retrato, se mata a sí mismo; rompe el lienzo con un cuchillo, pero sus sirvientes luego encuentran el retrato como se veía originalmente y el cuerpo de su amo, un rastro enfermo, acostado muerto en el piso.

# La lección para...

## Adolescentes (12 - 15 años)

### Abriendo la Palabra

Inicie la lección haciendo un concurso de ortografía. Reparta una hoja en blanco y vaya dictando y revisando palabra por palabra. Algunas palabras que puede utilizar son: 1) Soez 2) Aprehender 3) Árbol 4) Características 5) Alcohol 6) Impotente 7) Reloj 8) Primogénito 9) Kilo, finalmente la palabra misteriosa: 10) Longevidad.

Reconozca con un premio sencillo a la(s) persona(s) que hayan acumulado la mayor cantidad de palabras correctas. Posteriormente pregunte: ¿Saben qué significa esta palabra? Compartan las respuestas y después diga que la palabra longevidad significa "larga vida".

Pregunte a los adolescentes, ¿cuántos años les gustaría vivir y por qué? Dé tiempo para que compartan sus respuestas y seguidamente comparta la introducción a la lección.

Haga la transición a la siguiente etapa leyendo Éxodo 20:12. Durante la semana contacte a algunos adolescentes que les guste participar en clase, para que dramaticen dos escenas de la vida diaria. En una de las escenas deberán mostrar que honran a sus padres y en la otra lo contrario. Esto les ayudará a ejemplificar el pasaje antes mencionado.

**Nota:** Es necesario tener a la mano un diccionario o el significado de las palabras que dicte, para confirmar las respuestas, y en el caso de que le pregunten el significado.

### Profundizando en la Palabra

Lean las otras citas bíblicas de estudio que se sugieren (Efesios 6:1-3; Colosenses 3:20). Desarrolle la actividad, "Los reyes del hogar". Consiste en lo siguiente: Elija dos voluntarios, quienes desempeñarán el rol del rey y la reina. El resto de los participantes serán los súbditos.

Entregue a los reyes la hoja de actividades "Órdenes reales". En esta hoja encontrarán algunas leyes que los súbditos deben cumplir, pero además, ellos deben escribir algunas leyes adicionales. Después de que hayan elaborado rápidamente las leyes que faltan, las darán a conocer a los súbditos para que éstos las cumplan. Si alguno de los súbditos no las cumplen, los reyes tendrán la facultad de imponerles un castigo. Dediquen cinco minutos a esta dinámica.

**Nota:** Si los reyes se ven en la "necesidad" de imponer un castigo, sólo permita que lo expresen, pero que no lo ejecuten (castigar no es el propósito de la dinámica).

Una vez que hayan terminado la dinámica, pregunte: ¿Cómo se sintieron al ser los reyes del hogar? ¿Cómo se sintieron al ser súbditos? ¿Creen que las leyes eran injustas?

Después de haber escuchado las respuestas, comparta el punto "1", "Un mandamiento es una ley".

Ahora, exponga el punto "2", "Un mandamiento dirigido a los hijos". Utilice la hoja de actividades "Una larga vida", para trabajar este punto.

Para finalizar esta etapa comparta el punto "3", "Un mandamiento con promesa".

### Aplicando la Palabra

Memoricen el texto bíblico que se encuentra en Éxodo 20:12, el quinto mandamiento. Invíteles a comentar tres actitudes con sus padres que a partir de este día quieren cambiar o mejorar. Es importante que lo expresen en público, ya que el siguiente paso es entregarles la hoja de actividades "Pacto de obediencia", la que deberán llenar y firmar.

Comparta el resumen de la lección y finalicen con una oración. Pida a un adolescente que dirija la oración en representación de los demás.

> "Honra a tu padre y a tu madre, para que tus días se alarguen en la tierra que Jehová tu Dios, te da"
> Éxodo 20:12.

**Respuestas: Hoja de Actividades**

*Una larga vida*

1) Apreciar, 2) Respeto, 3) Distinción, 4) Estima, 5) Amar, 6) Consideración.

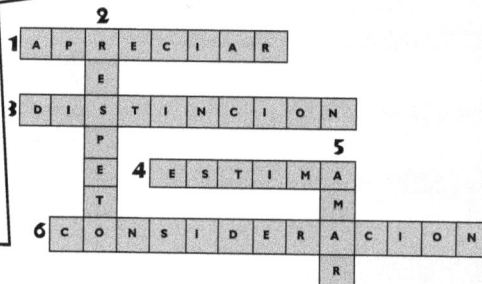

37

### Abriendo la Palabra

Inicie la sesión narrando acerca de Dorian Gray y la novela "La fuente de la eterna juventud" que encontrará en la sección de recursos completamentarios de esta lección. Si algún joven conoce la historia, permita que la narre. Posteriormente, pregunte: ¿Habrá alguien que pueda lograr la eterna juventud? Si no hay respuestas explique que esta lección les enseñará cómo disfrutar de una larga y feliz vida.

Pregunte a los jóvenes, ¿cuántos años les gustaría vivir y por qué? Dé tiempo para que compartan sus respuestas y seguidamente comparta la introducción de la lección.

Lean Éxodo 20:12 y divídanse en equipos para analizar este verso. Nombren un secretario y definan la palabra "honrar", después de pasar cinco minutos lean al resto del grupo sus conclusiones.

**Respuestas: Hoja de Actividades**
Una larga vida
1) Apreciar, 2) Respeto, 3) Distinción, 4) Estima, 5) Amar, 6) Consideración.

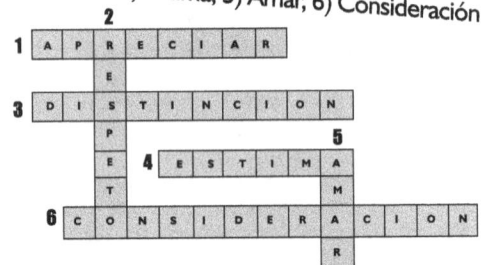

### Profundizando en la Palabra

Para iniciar esta etapa, lean las otras citas bíblicas de estudio que se sugieren (Efesios 6:1-3; Colosenses 3:20).

Pregunte: Si tuvieran la oportunidad de crear leyes en el país, ¿cuáles serían?, ¿por qué?

Escriba en la pizarra todas las leyes que se les ocurran. Después de haber escuchado las respuestas, comparta el punto "1", "Un mandamiento es una ley".

Reparta la hoja de actividades "Una larga vida" para introducir el punto "2", "Un mandamiento dirigido a los hijos".

Antes de exponer el tema "3", "Un mandamiento con promesa", haga la siguiente pregunta: ¿Hay alguna situación en la que los hijos están exentos del mandamiento de obedecer a los padres? Después de escuchar las opiniones, comparta lo que la lección dice al respecto.

*"Honra a tu padre y a tu madre, para que tus días se alarguen en la tierra que Jehová tu Dios, te da" Éxodo 20:12.*

### Aplicando la Palabra

Memoricen el texto bíblico que se encuentra en Éxodo 20:12, el quinto mandamiento. Invíteles a que sugieran formas prácticas de honrar a los padres. Por ejemplo: Hablar y pensar bien de ellos, considerar su enfermedad, ayudarles en el trabajo, admirar y agradecer sus cuidados, ofrecer ayuda extra, hacer más de lo ordinario en la casa, etc.

El siguiente paso es entregarles la hoja de actividades "Pacto de obediencia", la que deberán llenar y firmar.

Comparta el resumen de la lección y termine con una oración dando gracias a Dios por los padres y pidiendo ayuda para cumplir el compromiso hecho este día.

# La lección para...

### Abriendo la Palabra

Inicie la sesión leyendo el siguiente pensamiento: *"Espero pasar por la vida sólo una vez. Por tanto, si puedo ser amable, o si puedo hacer algo bueno por mis padres, permítanme hacerlo ahora y no postergarlo o descuidarlo, porque no caminaré por esta senda otra vez"* William Penn.

Comente: La felicidad y satisfacción de un hijo consiste en no postergar ni descuidar el venerar y dar prestigio a sus padres. Pregunte al grupo: ¿Qué hicieron la semana que terminó para honrar a sus padres? ¿Cuántos años les gustaría vivir y por qué? Dé tiempo para que compartan sus respuestas y seguidamente comparta la introducción de la lección.

A través de las preguntas anteriores, ayude a los jóvenes a comprender el rol que juegan en la familia como hijos. La independencia que gozan los jóvenes de esta edad les prodiga un sentimiento de capacidad, libertad y conocimiento superior a sus padres que les lleva a estar muy cerca de quebrantar el mandato divino (en algunos casos, lamentablemente es transgredido).

Es necesario confrontar al joven con su situación actual, de tal manera que a la luz de la Biblia pueda darse cuenta de cómo está la relación con sus padres. En el caso de que exista un descuido que cambie sus acciones y actitudes negativas hacia sus padres, reflejando de esta manera la unidad entre él, sus padres y Dios.

Ahora lean Éxodo 20:12. Divídanse en equipos y definan la palabra "honrar". Después de pasar cinco minutos lean al resto del grupo sus conclusiones.

> "Honra a tu padre y a tu madre, para que tus días se alarguen en la tierra que Jehová tu Dios, te da"
> Éxodo 20:12.

### Profundizando en la Palabra

Para iniciar esta etapa, lean las otras citas bíblicas de estudio que se sugieren (Efesios 6:1-3; Colosenses 3:20).

Los jóvenes mayores están muy cerca de entrar a la etapa del matrimonio. Pronto cambiará la manera de ver las cosas. De estar en el papel de hijos, en un futuro también serán padres. ¿Por qué no prepararse con tiempo para esta etapa?

Pídales que formen parejas (hombre y mujer), si no coincide el número de mujeres y hombres, pida que alguno asuma el papel de "padre o madre" según sea el caso. Ahora, entregue una hoja en blanco, en la que escribirán algunas de las reglas que planean establecer en su hogar, en referencia a la educación de sus hijos.

Después de un tiempo de trabajo por parejas, escriba en la pizarra las reglas que escribió cada pareja. Comparen las reglas que escribieron y coméntenlas. Después de la discusión dirigida, comparta el punto "1", "Un mandamiento es una ley".

Reparta la hoja de actividades "Una larga vida" para tratar el punto "2", "Un mandamiento dirigido a los hijos".

Antes de exponer el punto "3", "Un mandamiento con promesa", haga la siguiente pregunta: ¿Hay alguna situación en la que los hijos están exentos del mandamiento de obedecer a los padres? Después de escuchar las opiniones, comparta lo que la lección dice al respecto.

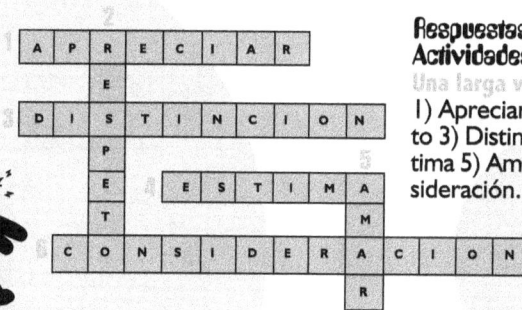

**Respuestas: Hoja de Actividades**
*Una larga vida*

1) Apreciar 2) Respeto 3) Distinción 4) Estima 5) Amar, 6) Consideración.

*(Crucigrama: APRECIAR, DISTINCION, ESTIMAR, CONSIDERACION, con las palabras RESPETO y AMAR en vertical)*

### Aplicando la Palabra

Memoricen el texto bíblico que se encuentra en Éxodo 20:12, el quinto mandamiento. Para asegurarse que la enseñanza ha quedado clara, haga un ejercicio de "antónimos". Mencione algunas palabras para que los jóvenes digan otra palabra que signifique lo contrario. Por ejemplo: Blanco-Negro, húmedo-seco. Por supuesto, incluya la palabra "honrar".

Ahora, invíteles a que sugieran formas prácticas de honrar a los padres. Por ejemplo: Hablar y pensar bien de ellos, considerar y atender su enfermedad, ayudarles en el trabajo, admirar y agradecer sus cuidados, ofrecer ayuda extra, hacer más de lo ordinario en la casa, invitarlos a comer a algún restaurante, etc.

El siguiente paso es entregarles la hoja de actividades "Pacto de obediencia", la que deberán llenar y firmar.

Comparta el resumen de la lección y termine con una oración dando gracias a Dios por los padres y pidiendo ayuda para cumplir el compromiso hecho este día.

# HOJA DE ACTIVIDADES

## Una larga Vida

En este crucigrama encontrarás algunos sinónimos de la palabra "honra"; recuerda que esto es lo que El Señor desea que tú muestres a tus padres.

"Honra a tu padre y a tu madre, para que tus días se alarguen en la tierra que Jehová tu Dios, te da" Éxodo 20:12.

### HORIZONTALES

1. Sinónimo de valorar algo.

3. Acción de distinguir.

4. "...que es de gran _____ delante de Dios" (1 Pedro 3:4).

6. Acción de tomar en cuenta a alguien.

### VERTICALES

2. Sinónimo de sumición.

5. Sinónimo de "querer".

# HOJA DE ACTIVIDADES

## ÓRDENES REALES

1 Limpiar los zapatos del rey y la reina

2 Leer un versículo de la Biblia en la oreja del rey

3 Arrodillarse ante el rey y la reina

4 Darle masaje en los hombros al rey

5 Limpiar la frente de la reina

6 _____

7 _____

8 _____

9 _____

10 _____

"Honra a tu padre y a tu madre, para que tus días se alarguen en la tierra que Jehová tu Dios, te da" Éxodo 20:12.

# HOJA DE ACTIVIDADES

## "PACTO DE OBEDIENCIA"

Por cuanto Dios me llamó para ser un
"Hijo Obediente"
Prometo honrar a mis padres al hacer las siguientes acciones:

**1** _____

**2** _____

**3** _____

Firma: _____     Fecha: ___/___/___

_____

Testigos: _____ y _____

"Honra a tu padre y a tu madre, para que tus días se alarguen en la tierra que Jehová tu Dios, te da" Éxodo 20:12.

# Mi pacto con Dios

### Alejandro Torres

## DESARROLLO DE LA LECCIÓN

### INTRODUCCIÓN

La palabra pacto se ha usado desde hace mucho tiempo, refiriéndose a un convenio de voluntades. De hecho, si nos remontamos a las primeras civilizaciones, podemos darnos cuenta de que las personas hacían pactos con otras personas, que los gobiernos hacían pactos con otros gobiernos y desde luego, que Dios hacía pactos con el ser humano. Este último punto es el tema de nuestra lección: El pacto que sella nuestra relación con Dios.

Desde la creación misma, Dios ha buscado relacionarse con el ser humano. Lo vemos por ejemplo buscando a Adán en el Huerto del Edén. "¿Dónde estás tú?" (Génesis 3:9). También podemos ver esta búsqueda de Dios en el caso de Abraham, el padre de la fe. Dios le habló y le dijo, "Vete de tu tierra y de tu parentela a la tierra que yo te daré" (Génesis 12:1). Dios nos llama a relacionarnos con Él y ese llamado ha continuado a través de toda la historia de la humanidad. Es precisamente en esa búsqueda de relacionarse con el ser humano que Dios ha establecido una relación de pacto, basada en un compromiso de amor.

### I. LOS PACTOS DE DIOS CON LA HUMANIDAD

El diccionario Teológico Beacon dice: "En el lenguaje bíblico, pacto es un acuerdo entre Dios y el hombre que viene a ser la base para recibir bendiciones divinas y salvación eterna. Este acuerdo o contrato es iniciado por Dios, y los términos también son especificados por Él. El hombre llega a ser partícipe en el acuerdo por voluntad propia".

Durante toda la historia bíblica vemos que los pactos han tenido un papel muy importante. Podemos observar en la Biblia los pactos que Dios ha hecho con el hombre:

| El Pacto de Dios con Adán | Génesis 1 - 3 |
| El Pacto de Dios con Nóe | Génesis 8:20 - 9:17 |
| El Pacto de Dios con Abraham | Génesis 12:1 - 3 |
| El Pacto de Dios con Moisés | Éxodo 19:3 - 40:38 |
| El Pacto de Dios con David | 2 Samuel 7:5 - 17 |
| El Nuevo Pacto de Dios | Jeremías 31:31 - 34; Mateo 26:28 |

En cada uno de estos pactos, Dios estableció bases específicas para relacionarse con el ser humano.

### A. La relación de Dios con el ser humano en el antiguo pacto:
"Israel, el pueblo de la promesa". Israel fue el pueblo que Dios liberó de la esclavitud en Egipto, la descendencia de Abraham. Dios estableció un pacto con Abraham y le prometió hacer de él una gran nación. En Éxodo 19 al 24 vemos que Dios ratificó con Israel una relación a través de un pacto.

En los pactos que Dios estableció con Israel, la ley tuvo un papel protagónico (entendemos por "ley" la norma divina). En la ley de Dios se nos revela cuál es la voluntad divina respecto a nuestra conducta. Entonces, en la ley el amor es la base de toda relación con Dios.

PASAJE DE ESTUDIO: Hebreos 8:1-13.

VERSÍCULO PARA MEMORIZAR: "... Después de aquellos días, dice el Señor: Pondré mis leyes en la mente de ellos, Y sobre su corazón las escribiré; Y seré a ellos por Dios, Y ellos me serán a mí por pueblo." Hebreos 8:10b.

PRINCIPIO BÍBLICO: Dios quiere que establezcamos una relación con Él, basada en un pacto de fidelidad y amor.

PROPÓSITO: Que el joven comprenda la importancia del pacto que Dios quiere hacer con él y conozca cuáles son los beneficios que se obtienen de este pacto.

### I. Las condiciones del pacto de Dios e Israel (Éxodo 19:1-6):
Todo pacto tiene ciertas condiciones que los involucrados deben cumplir. En este pasaje vemos claramente que, Dios siempre toma la iniciativa y le ofreció al pueblo de Israel una nueva vida, ser considerado como su especial tesoro, ser un pueblo de sacerdotes y gente santa que fuera de bendición y luz a las naciones. En respuesta, el pueblo debía cumplir ciertas condiciones:

• Obediencia: "Ahora pues, si diereis oído a mi voz, y guardareis mi pacto…" (v. 5a)
Oír y guardar tienen la idea de o-bediencia. La Ley de Dios debía ser obedecida. El pueblo fue llamado a guardar el Pacto de Dios, el convenio entre Dios y ellos, las ordenanzas de Dios. Este pacto está contenido en los capí-tulos 19 al 24 de Éxodo. En ellos encontramos tres aspectos básicos:

* Las leyes morales de Dios que reflejan su carácter en su pueblo. Dicho en otras palabras, los diez mandamientos (Éxodo 20:1-17).

* Las Leyes Sociales, que fueron dadas al pueblo para regular la propiedad, la conquista y las relaciones de armonía entre las personas (Éxodo 21-23:9,20-33).

* Las Leyes Ceremoniales, que marcaban los estatutos del culto y la adoración del pueblo: ofrendas, fiestas, etc. (Éxodo 23:10-19 y el libro de Levítico).

• **Amar a Dios sobre todas las cosas (Deuteronomio 6:5)**
La ley y los pactos de Dios se resumían en el mandato de amar a Dios sobre todas las cosas, y amar al prójimo como resultado del amor a Dios.

## II. Los problemas del pueblo
• La historia nos dice que el ***problema principal del pueblo fue la desobediencia.*** Israel se caracterizó por una constante negativa a seguir el plan de Dios. Todos los problemas de la nación pueden relacionarse con su desobediencia a la ley de Dios. Israel se identificó por ser un pueblo duro de corazón (Éxodo 32:8).

• ***Otro problema fue el legalismo.*** Creían que la obediencia literal de la ley los hacía merecedores de la justificación. Israel olvidó lo que Dios quería que fuera. El pueblo interpretó el cumplimiento de la ley como algo exterior solamente y no interior. El profeta Samuel dijo: "...Ciertamente el obedecer es mejor que los sacrificios, y el prestar atención que la grosura de los carneros" (1 Samuel 15:22b).

• ***El tercer problema fue la condición pecaminosa del ser humano.*** Su condición fue un obstáculo para cumplir las normas divinas. La ley moral manifiesta el carácter de Dios. Esta ley muestra claramente en qué consiste esa condición pecaminosa: La rebelión abierta contra Dios (Romanos 7:7,13). La Ley condena al ser humano pues éste no la puede cumplir sin la ayuda de Dios.

### 2. EL NUEVO PACTO DE DIOS CON EL SER HUMANO (HEBREOS 8:1-13)

Al ver la incapacidad del ser humano en cumplir los requisitos de la relación con Él, Dios ofrece una solución definitiva expresada en un Nuevo Pacto, ya no exclusivo de un pueblo sino un pacto con todos los seres humanos. Nuevamente Dios toma la iniciativa y presenta una solución: "Pero este es el pacto que haré con la casa de Israel después de aquellos días, dice Jehová..." (Jeremías 31:33a). El antiguo

pacto lo escribió el dedo de Dios en tablas de piedra, pero el nuevo pacto lo escribe el Espíritu en el corazón humano.

Una ley externa nunca puede cambiar a una persona; debe llegar a ser parte de la vida interna para que pueda cambiar la conducta. Esto es lo que significa Romanos 8:4a "Para que la justicia de la ley se cumpliese en nosotros ...". Esto lo logra, por supuesto, el Espíritu Santo, quien nos capacita para obedecer la Palabra de Dios.

A diferencia del antiguo pacto, el nuevo pacto no depende de la repetición de sacrificios. La Ley no podía hacer perfecto a nadie. Se requería de un sistema interminable de sacrificios y ofrendas para que el hombre pudiera estar reconciliado con Dios. El Nuevo Pacto ofrece el perdón completo basado en el sacrificio único de la sangre de Jesucristo. Jesucristo nos reconcilia con el Padre, mediante esta reconciliación tenemos oportunidad de conocerle personalmente, sin intermediarios (Hebreos 10:1-18).

## A. Requisitos y privilegios del Nuevo Pacto
Como todo pacto, este "Nuevo Pacto" tiene ciertas condiciones. Dios ofrece en sacrificio a su Hijo Jesucristo para restablecer la relación con el hombre. El único requisito es que el hombre le reconozca como su Señor y Salvador. Esta relación le da al ser humano los siguientes privilegios:

**I. La promesa de la gracia (Hebreos 8: 6-9).** El fracaso de Israel no se podía atribuir a debilidad alguna en el antiguo pacto, sino a la debilidad de la naturaleza humana. Es aquí entonces que la gracia interviene; lo que la ley no podía hacer debido a la debilidad del hombre, Dios lo logró mediante la cruz. ¡Esto es gracia!

**II. Una comunión especial con Dios.** La relación con Dios ahora es especial. El hombre, a través del sacrificio de Jesús, tiene la oportunidad de acercarse ante Dios con toda confianza (Hebreos 10:19-22).

**III. El conocimiento pleno de Dios.** El día vendrá cuando no habrá necesidad del testimonio personal, porque todos conocerán al Señor. El cumplimiento final de esta promesa, por supuesto, espera el establecimiento total del reino. "...todos me conocerán" (Hebreos 8:11).

**IV. La solución total del pecado.** Bajo el antiguo pacto, había memoria de los pecados y un perdón que dependía de los sacrificios anuales. La sangre de toros y machos cabríos podía cubrir los pecados (Hebreos 10), pero sólo la sangre del Cordero de Dios es la que "...quita el pecado del mundo" (Juan 1:29b). Qué maravillosa promesa da el nuevo pacto al pecador cargado: Sus pecados serán perdonados y nunca más se enseñorearán de él/ella..

# RESUMEN

Dios quiere relacionarse con nosotros como su pueblo. Además, Él desea hacer un pacto con cada persona en particular. Los errores fatales del pueblo de Israel fueron: la desobediencia, el legalismo, la hipocresía y el darle rienda suelta a su condición pecaminosa. Para que no nos suceda lo mismo a nosotros, es necesario permitir que Dios obre en nuestro corazón como Él quiere y obedecer las normas que establece para nuestra relación con Él.

Al igual que los demás pactos que Dios ha hecho con la humanidad, el nuevo pacto está basado en el amor (Juan 3:16). Dios tomó la iniciativa y entregó a su único Hijo, para que todo aquel que por fe crea en Él (lo reconozca como su Salvador y Señor), goce de las bendiciones de esta nueva relación: la vida eterna.

## RECURSOS COMPLEMENTARIOS

### Materiales didácticos:
1. Pizarra u hojas para rotafolio
2. Marcadores o tiza (gis)
3. Biblias
4. Fotocopias de las hojas de actividades
5. Hojas en blanco para cada alumno
6. Lápices o bolígrafos
7. Pulseras o cintas de color

### Definición de términos:
**Pacto.** La palabra "pacto" viene del Hebreo **berit** que contiene una variedad de significados. Puede significar "comer", señalando a la comida con la cual se sellaba un acuerdo (Génesis 31:54). También puede significar "lazo o cadena","mediación", limitándonos al Pacto de Dios, significa el lazo de Dios con su Pueblo. La palabra pacto según el Nuevo Diccionario Ilustrado de la Biblia, es un "convenio que expresa la relación especial de Jehová con su pueblo y resume la forma y estructura de la religión bíblica en ambos testamentos. La palabra hebrea (berit) aparece 285 veces en el Antiguo Testamento y la palabra griega (diatheke) 33 veces en el Nuevo Testamento; ambas se traducen «pacto»".

**La Ley como norma divina.** Las normas establecen principios sobre los cuales se basa algo. ¿Por qué son importantes las normas en nuestra relación con Dios?, a veces tenemos problemas con las "reglas". Creemos que éstas atentan contra nuestra libertad. Erróneamente entendemos libertad como el derecho a hacer lo que queramos. La libertad es un don que Dios nos da y su ejercicio es nuestra responsabilidad. Las reglas que Dios establece son para nuestro beneficio y la verdadera libertad se experimenta cuando aceptamos las bases de Dios para nuestra relación con Él. ¿Qué "reglas" establece Dios para que podamos tener una relación con Él?

# La lección para...

## Abriendo la Palabra

Reparta la hoja de actividades, "Promesas y recompensas". Resolverán el ejercicio de manera individual, para posteriormente compartir sus respuestas. Esta actividad le ayudará a introducir el término "pacto", que será clave en el desarrollo de la lección.

Al terminar el tiempo de comentarios acerca de la actividad, comente: "El día de hoy hablaremos de algo que hacemos prácticamente todos los días. Hablaremos sobre los pactos o compromisos. Como hemos visto, todos hemos hecho algún pacto. En algunas ocasiones no hemos obtenido lo que se nos prometió, o aún nosotros no hemos cumplido con lo que prometimos".

Pregunte: Sinceramente, ¿cómo se sintieron cuando no recibieron lo que les habían prometido? ¿Y cómo creen que se hayan sentido las personas a las que no les cumplimos lo pactado? ¿Sabían ustedes que Dios ha hecho pactos con el ser humano?

## Aplicando la Palabra

Memoricen Hebreos 8:10. Reconozca con un pequeño premio a la primera persona que se aprenda el versículo.

Ahora, entregue la hoja de actividades "Aplícalo a tu vida". Esta actividad servirá como una evaluación que le ayudará a remarcar ciertos puntos cuando comparta el resumen de la lección. Para concluir la lección, pregunte: "¿Ya han hecho ustedes un pacto con Dios? ¿Han recibido a Jesucristo como Señor y Salvador? Si no es así, ésta es la ocasión exacta para que lo hagan. Recuerda, en un pacto se requiere el consentimiento de los involucrados. La invitación de Dios no es obligada sino voluntaria y Él espera tu respuesta. Si ya has hecho un pacto con Dios, dale gracias por todas las recompensas que ahora posees".

Haga una oración, guiando a los adolescentes a declarar su compromiso con Dios y el deseo de mantener ese pacto todos los días de su vida. Para finalizar, entregue a cada adolescente una pulsera o una cinta de color para que la amarren a su muñeca, como un recordatorio del pacto que han hecho con Dios.

"... Después de aquellos días, dice el Señor: Pondré mis leyes en la mente de ellos, y sobre su corazón las escribiré; y seré a ellos por Dios, y ellos me serán a mí por pueblo"
Hebreos 8:10b.

## Profundizando en la Palabra

Invite a los adolescentes a leer el pasaje para estudio, Hebreos 8:1-13. Una vez que lo leyeron, pregunte: "De acuerdo a lo que ya hemos hablado y ahora a lo que hemos leído, ¿qué es un pacto?". Permita un tiempo de diálogo entre los alumnos, posteriormente comparta el punto "1": "Los pactos de Dios con el ser humano". Al inicio de la clase, entregue un papelito a cada adolescente, con una de las citas bíblicas que hablan acerca de los pactos que Dios ha hecho con la humanidad.

Al exponer el punto "1", asegúrese de que quede claro que los pactos incluyen condiciones, así como de que los adolescentes comprendan las causas por las que el pueblo de Israel no cumplió con los pactos de Dios.

Ahora, como una comparación con el punto anterior, mencione que Dios, una vez más, tomó la iniciativa y ofreció un nuevo pacto. Comparta el contenido del punto "2", "El nuevo Pacto de Dios con el ser humano". Escriba en la pizarra los requisitos y los privilegios de esta nueva relación.

# La lección para...

### Abriendo la Palabra

Inicie la sesión preguntando, ¿cuál es la promesa más grande que les han hecho y que además les han cumplido? Dé un tiempo para que cada joven comparta sus respuestas. Después de esto, pida que también compartan alguna promesa que no vieron cumplida.

Pregunte: Sinceramente, ¿cómo se sintieron cuando no recibieron lo que les habían prometido?

Al terminar el tiempo de comentarios acerca de las promesas, comente: "El día de hoy hablaremos de las promesas o los compromisos. Y para hacerlo, utilizaremos una palabra clave, "pacto".

Pida a los jóvenes que le digan lo que creen que es un pacto. Escriba las respuestas en la pizarra.

### Profundizando en la Palabra

Pida a un joven que lea el pasaje para estudio, Hebreos 8:1-13. Una vez que lo leyó, pregunte al grupo: "De acuerdo a lo que ya hemos hablado y a lo que se leyó, ¿qué es un pacto?". Permita un tiempo de diálogo entre los jóvenes, posteriormente comparta el punto "1" de la lección, "Los pactos de Dios con la humanidad". Al inicio de la clase, entregue a cada joven un papelito con una de las citas bíblicas que hablan acerca de los pactos que Dios ha hecho con la humanidad. Cuando usted haga referencia a cada pacto, pida que lean la cita que les tocó.

Al hablar de los diferentes pactos bíblicos en la historia de Israel (hasta el Nuevo Pacto), divida la pizarra, o una hoja de papel grande, en dos columnas. En una de las columnas escribirá cuáles eran las condiciones del pacto que se mencionan en la cita bíblica, y en la otra, cuál era la recompensa.

**Respuestas: Hoja de actividades**
**Una nueva relación**
Problemas de pueblo:
1) La Desobediencia
2) El Legalismo
3) Su condición Pecaminosa

Asegúrese de que queden claras las causas por las que el pueblo de Israel no cumplió con los pactos de Dios.

Ahora, como una comparación con el punto anterior, mencione que Dios, una vez más, tomó la iniciativa y ofreció un nuevo pacto. Comparta el contenido del punto "2" de la lección, "El nuevo Pacto de Dios con el ser humano". Escriba en la pizarra los requisitos y los privilegios de esta nueva relación.

Pregunte: ¿Qué creen que pasa cuando una de las dos partes involucradas en un pacto lo rompe? Comenten brevemente las respuestas.

Comente: "Cuando hablamos de los pactos que Dios establece, debemos reconocer que Él nunca rompe alguno (Hebreos 6:18). Pero no podemos decir lo mismo del ser humano. Lo maravilloso de esto es que Dios tiene misericordia y da una nueva oportunidad a aquel que se arrepiente. Sin embargo, debemos estar conscientes de que no podemos establecer un pacto con Dios, para romperlo después, sin saber que hay consecuencias de nuestras decisiones".

*"... Después de aquellos días, dice el Señor: Pondré mis leyes en la mente de ellos, Y sobre su corazón las escribiré; Y seré a ellos por Dios, Y ellos me serán a mí por pueblo"*
*Hebreos 8:10b.*

### Aplicando la Palabra

Memoricen Hebreos 8:10. Inmediatamente después, entregue la hoja de actividades "Una nueva relación". Esta actividad servirá como un repaso de lo aprendido y una evaluación que le ayudará a remarcar ciertos puntos cuando comparta el resumen de la lección.

Para concluir la lección, pregunte: ¿Ya han hecho ustedes un pacto con Dios? ¿Han reconocido a Jesucristo como Señor y Salvador? Si no es así, esta es la ocasión para hacer un compromiso con Dios. Recuerda, la relación a la que Dios nos llama no es obligada sino voluntaria y Él espera tu respuesta. Si ya has hecho un pacto con Dios, dale gracias por todas las recompensas que posees.

Finalice guiando a los jóvenes en una oración de compromiso y gratitud a Dios.

# La lección para...

### Abriendo la Palabra

Inicie la sesión preguntando, ¿cómo definirían la palabra "pacto"? Escriba las respuestas en la pizarra.

Pregúnteles si recuerdan algún pacto que se mencione en la Biblia. Que le den las citas y confirme que así es. Desde este momento, intente describir los elementos del pacto: 1) Las personas involucradas 2) las condiciones o requisitos 3) las recompensas o beneficios.

Ahora, haga la transición al tema de la lección mencionando que aún cuando muchas veces no hemos estado conscientes de ello, Dios ha hecho muchos pactos con el ser humano.

### Profundizando en la Palabra

Pida a un joven que lea el pasaje para estudio, Hebreos 8:1-13. Permita un tiempo de diálogo entre los jóvenes, acerca del pasaje leído. Posteriormente comparta el punto "1", "Los pactos de Dios con la humanidad". Al inicio de la clase, entregue a cada joven un papelito con una de las citas bíblicas que hablan acerca de los pactos que Dios ha hecho con la humanidad. Cuando usted haga referencia a cada pacto, pida que lean la cita que les tocó e identifiquen los elementos del mismo. Utilice la pizarra o una hoja grande, para escribir en tres columnas los elementos de los pactos mencionados.

Asegúrese de que queden claras las causas por las que el pueblo de Israel no cumplió con los pactos de Dios.

Ahora, como una comparación con el punto anterior, mencione que Dios, una vez más, tomó la iniciativa y ofreció un nuevo pacto. Comparta el contenido del punto "2" de la lección, "El nuevo Pacto de Dios con el ser humano". Escriba en la pizarra los requisitos y los privilegios de esta nueva relación. Utilice las siguientes preguntas de discusión:

- ¿Qué creen que pasa cuando una de las partes involucradas en un pacto lo rompe?
- ¿Establecerían un pacto con una persona que ya rompió otro con ustedes previamente? De ser así, ¿pondrían algunas condiciones aún más estrictas, para asegurarse que si se rompe el pacto ustedes no resulten perjudicados?

Comente: "Cuando hablamos de los pactos que Dios establece, debemos reconocer que Él nunca ha roto ni romperá alguno (Hebreos 6:18). Pero no podemos decir lo mismo del ser humano. Lo maravilloso de esto es que Dios tiene misericordia y da una nueva oportunidad a aquel que reconoce que falló y se arrepiente. Sin embargo, debemos estar conscientes de que no podemos establecer un pacto con Dios, para romperlo después, sin saber que hay consecuencias de nuestras decisiones. Además, de que no hay seguridad en que más adelante tendremos otra oportunidad".

### Aplicando la Palabra

Entregue la hoja de actividades "Un pacto de amor". Esta actividad servirá como un repaso de lo aprendido y una evaluación que le ayudará a remarcar ciertos puntos cuando comparta el resumen de la lección.

Memoricen el texto que se encuentra en Hebreos 8:10. Para concluir la lección, pregunte: ¿Ya han hecho ustedes un pacto con Dios? ¿Han reconocido a Jesucristo como Señor y Salvador? Si no es así, esta es la ocasión para hacer un compromiso con Dios. Recuerden, la relación a la que Dios nos llama no es obligada sino voluntaria y Él espera tu respuesta. Si ya has hecho un pacto con Dios, dale gracias por todas las recompensas que posees.

Entregue un pequeño pedazo de papel a cada joven y pídale que escriba cuál ha sido el requisito más difícil de cumplir en su pacto con Dios. No es necesario leerlo en público, esto es personal.

Finalice guiando a los jóvenes en una oración de compromiso y entregando a Dios ese requisito que les ha costado trabajo cumplir.

*"... Después de aquellos días, dice el Señor: Pondré mis leyes en la mente de ellos, Y sobre su corazón las escribiré; Y seré a ellos por Dios, Y ellos me serán a mí por pueblo"*
Hebreos 8:10b.

# HOJA DE ACTIVIDADES

## PROMESAS Y RECOMPENSAS

### Promesas cumplidas

1. Mis papás me prometieron un balón de fútbol el día de mi cumpleaños.
2. Yo prometí que obtendría mejores calificaciones el año pasado.
3. _____
4. _____
5. _____
6. _____
7. _____
8. _____
9. _____
10. _____

### Promesas no cumplidas

*"... Después de aquellos días, dice el Señor: Pondré mis leyes en la mente de ellos, Y sobre su corazón las escribiré; Y seré a ellos por Dios, Y ellos me serán a mí por pueblo"*
*Hebreos 8:10b.*

| Promesa | ¿Por qué no hubo recompensa? |
|---|---|
| 1. Mi papá me prometió enseñarme a manejar si mejoraban mis calificaciones. | 1. No mejoraron mis calificaciones |
| 2. | 2. |
| 3. | 3. |
| 4. | 4. |
| 5. | 5. |

# HOJA DE ACTIVIDADES

## Una nueva relación

*"... Después de aquellos días, dice el Señor: Pondré mis leyes en la mente de ellos, y sobre su corazón las escribiré; y seré a ellos por Dios, y ellos me serán a mí por pueblo"* Hebreos 8:10b.

En 1 Pedro 2:9-10, Dios da tres promesas a los creyentes:
• Linaje escogido.
• Real Sacerdocio.
• Nación Santa.

¿Cómo puede ser esto una realidad en tu vida?

_____
_____
_____
_____

El pueblo de Israel tuvo tres problemas básicos que fueron:
1. La D _____
2. El L _____
3. Su Condición P _____

¿Cómo percibes los problemas en el cristianismo de hoy, en tu vida e iglesia?

_____
_____
_____
_____

La gracia, el amor y la misericordia, son elementos esenciales en esta nueva relación.
¿Qué bases debe de tener el Nuevo Pacto? Cambio, Comunión, Conocimiento y Perdón.
¿Cuál es entonces tu parte?

_____
_____
_____
_____

# HOJA DE ACTIVIDADES

## Un Pacto de Amor

Escribe una definición de lo que significa un pacto.

_____
_____
_____
_____

¿Cuáles pactos del Antiguo Testamento pueden señalarse con base bíblica?

_____
_____
_____
_____

¿Cuál es el Nuevo Pacto y qué alcance tiene?

_____
_____
_____
_____

Describe las características fundamentales del Nuevo Pacto y la aplicación al cristiano.

_____
_____
_____

*"... Después de aquellos días, dice el Señor: Pondré mis leyes en la mente de ellos, Y sobre su corazón las escribiré; Y seré a ellos por Dios, Y ellos me serán a mí por pueblo"*
Hebreos 8:10b.

# HOJA DE ACTIVIDADES

## "Aplícalo a Tu Vida"

Haz una comparación y relaciona Éxodo 19:5-8 y I Pedro 2:9-10 y responde a la pregunta: ¿a quién están dirigidas estas promesas?

| Éxodo 19 : 5 - 8 | I Pedro 2 : 9 - 10 |
|---|---|
|  |  |
|  |  |
|  |  |

El pueblo de Israel tuvo tres problemas básicos que fueron: la desobediencia, el legalismo y su condición pecadora. ¿Cuál es tu mayor problema en la actualidad para mantener una relación estable con Dios?

_____

_____

_____

¿Qué puedes hacer tú y todos aquellos jóvenes que se identifican contigo para dar solución a este problema?

_____

_____

_____

Así como tenemos bases para relacionarnos con otras personas, Dios tiene ciertas bases para que nosotros nos relacionemos con Él: Quiere un cambio de actitud en ti, tener comunión contigo, que tengas un conocimiento íntimo y profundo de Él y te ofrece el perdón. ¿Cuál es entonces tu parte?

_____

_____

_____

*"... Después de aquellos días, dice el Señor: Pondré mis leyes en la mente de ellos, y sobre su corazón las escribiré; y seré a ellos por Dios, y ellos me serán a mí por pueblo" Hebreos 8:10b.*

# ¿Amigos o novios?

Josué Jiménez González

## DESARROLLO DE LA LECCIÓN

### INTRODUCCIÓN

«Éramos un grupo de adolescentes sentados en uno de los pasillos del templo. Contemplábamos cómo al finalizar el servicio del domingo por la mañana los jóvenes, mayores que nosotros y, en cierto modo, ejemplo a seguir, se retiraban con sus novias en direcciones diversas. Habían quedado atrás los días en que todos salíamos a comer al mismo lugar, ¡más de 30 jóvenes provocando un caos cada domingo en un restaurante! Pero este día la historia era diferente, veíamos que se apartaban y sabíamos que ellas eran la causa. "¡Yo nunca tendré novia!", dijo Mario; "Ni yo", murmuró Raúl; "prefiero estar siempre con mis amigos", aseguró Fernando. "¡Sí!", lo afirmamos todos.

Han pasado cerca de 20 años de aquellas inocentes declaraciones; todos estamos casados y nuestras familias son realmente hermosas. Pero, ¿qué nos hacía preferir a los amigos sobre las chicas en ese entonces? ¿Cuándo cambiamos? ¿Qué hace a un joven o a una señorita olvidar a sus mejores amigos por el amor de pareja? ¿Por qué a veces decidimos "quedar sólo como amigos"? ¿Es normal que dos "grandes amigos" se conviertan en novios y al descubrir que no son "el uno para el otro" terminen distanciados y hasta peleados?»

Ya sea que los adolescentes y jóvenes salgan simplemente como amigos o quizá como novios, deben conocer cuál es el propósito de estas relaciones, así como las implicaciones que conllevan. De esta manera podrán ver cuál tipo de compromiso están dispuestos a asumir.

## I. LO CAMBIANTE DE NUESTRAS EMOCIONES

Si hay algo que está cambiando constantemente en una persona son sus emociones. Y esto es porque las emociones son reacciones naturales que el ser humano tiene ante eventos o situaciones. Por ejemplo: La alegría, la tristeza, el enojo, la sorpresa, la angustia, etc.

En el pasaje de estudio (Génesis 24) podemos darnos cuenta de que Abraham sabía que la decisión que Isaac debía tomar era muy importante, y no podía estar basada exclusivamente en las emociones.

### A La voz de la experiencia.

Abraham era una persona madura, había vivido muchos años y sabía de las etapas de la vida. Conocía la diferencia entre la determinación a ser íntegro y lo volátil o cambiante de nuestros gustos, sentimientos y emociones. Y aunque era avanzado en años, llamó "al más viejo de su casa" para la realización de una tarea realmente importante; su experiencia le decía que debía echar mano de más experiencia. Era un asunto serio y no debía encomendárselo a cualquiera, quería asegurarse, por todos los medios posibles, de escoger la mejor novia para su hijo. ¡Iba a lo seguro!

En nuestra cultura nos parece de lo más extraño que un padre busque la novia para su hijo. ¿En dónde queda el amor? nos preguntamos. Es muy común que idealicemos románticamente nuestro encuentro con "la chica de nuestros sueños" o con el "príncipe azul". Cuando sentimos que estamos enamorados, confundimos a nuestra mente con ciertos estereotipos y no escuchamos razones. Si le pidiéramos a un adolescente que nos explique por qué dice haber encontrado el amor de su vida, seguro tomaría su guitarra y nos cantaría una "rola" de amor.

El Dr. James Dobson cuenta la siguiente anécdota que sucedió en un pequeño pueblo de Oklahoma, E.U.A., de donde surgían los peores equipos de fútbol americano. Como era de esperarse, los estudiantes y sus padres se desanimaron mucho por las estrepitosas derrotas del equipo cada viernes por la noche.

Pasaje de estudio: Génesis 24.

Versículo para memorizar: "Muchos pensamientos hay en el corazón del hombre; mas el consejo de Jehová permanecerá" Proverbios 19:21.

Principio bíblico: El cuidado y favor divino incluye todas nuestras relaciones interpersonales.

Propósito: Que el joven conozca la diferencia entre la relación de amistad y la de noviazgo, así como la necesidad de someter sus emociones y sentimientos a la voluntad perfecta del Señor.

Finalmente, un magnate petrolero decidió tomar las riendas del asunto. Él pidió hablarle al equipo en los vestidores después de otra aplastante derrota. Fue uno de los discursos más dramáticos de todos los tiempos.

Este hombre de negocios ofreció un auto Ford nuevo. Cada jugador se veía detrás del volante de un espléndido auto. Finalmente, la gran noche llegó. Hubo una tremenda emoción, el entrenador hizo algunos comentarios sin importancia y los jugadores corrieron al terreno de juego, unieron sus manos y tras el grito de "¡Hurra!" dio inicio el partido dónde fueron derrotados 38-0.

Siete días de "hurras" y exclamaciones no pueden compensar la falta de disciplina, condición física, práctica, preparación, experiencia y carácter de los jugadores. Lo mismo puede decirse del amor romántico y de todas las emociones; las cuales siempre tienen que ser controladas por la razón y la voluntad.

**B** **Nuestras emociones y la voluntad de Dios.** "No tomarás para mi hijo mujer de las hijas de los cananeos", instruyó Abraham a su siervo. Con esta indicación, denotaba una enorme convicción de su compromiso y consagración a Dios. El anciano padre sabía lo que quería, buscaba lo mejor, no lo más fácil o lo que estuviera al alcance de la mano, sino la voluntad de Dios.

Nuestro Dios tiene un plan perfecto para cada uno de nosotros, pero es nuestra decisión seguirlo o no. Permanecer dentro de ese plan divino en todas las etapas de nuestra vida requiere de convicción más que de sólo sentimientos. Dios nos habla de muchas maneras, pero sin duda la Biblia es el lugar exacto para encontrar la voluntad de Dios, porque es la Palabra de Dios. Es Dios mismo dándonos a conocer lo que desea para nosotros.

## 2. UNA BUENA RELACIÓN DE AMISTAD

**A** **Más que un padre, un gran amigo.** Cuando imaginamos el tremendo relato de Génesis capítulo 22, en el que Abraham sube al monte a ofrecer sacrificio a Jehová y escuchamos al pequeño Isaac preguntando: "papá: ¿dónde está el cordero para el holocausto?". El corazón se nos derrite y los ojos se nos nublan por las lágrimas. El hijo de la promesa, su preciado tesoro, su único hijo, obedientemente sigue a su padre y nos demuestra lo especial de su relación. Cuando bajan del monte estos dos hombres, ya no son sólo padre e hijo; son dos amigos para toda la vida, más unidos y con una relación más estrecha. La experiencia ha fortalecido su amistad al más alto nivel.

Qué bendición es tener amigos que nos hacen crecer; aquellos que nos ayudan a caminar cerca del Señor.

"Dime con quién andas y te diré quién eres", dice un conocido refrán. El escritor de Proverbios nos dice: "El que anda con sabios, sabio será" (Proverbios 13:20). No hay duda que los amigos que nos rodean afectan nuestra vida.

Se dice que quien ha hallado un amigo, ha encontrado un tesoro y es cierto, si nos referimos a los buenos amigos. Los buenos amigos son tesoros invaluables, su aporte a nuestra vida moldea nuestro carácter y fortalece nuestra fe.

Parece no muy propio el ejemplo bíblico que hemos abordado, sin embargo, en este pasaje podemos ver que Abraham no había sido solamente un buen padre para Isaac, sino también su "mejor amigo". Pero ahora, el tiempo ha pasado y Abraham sabe que Isaac, su hijo, necesita de una compañera.

**B** **Nuestra necesidad de relacionarnos con el sexo opuesto**. Puedo imaginar que Isaac había dado "muestras" de ser atraído por alguna joven de la tierra de Canaán. Ya no era un niño, había crecido, y los días en que papá, era el gran héroe, el amigo íntimo, el que lo llenaba todo, se iban quedando atrás. Además, la soledad de Isaac se había acentuado debido al fallecimiento de Sara, su madre, así que la necesidad del joven era notoria. No sabemos si ya lo habían platicado antes o si Abraham lo había deducido de tiempo atrás; pero él sabía que Isaac necesitaba una compañera. Abraham sabía que Dios hizo al ser humano para habitar en pareja, hombre y mujer. Es parte de nuestra naturaleza humana el ser atraídos por personas del sexo opuesto porque así nos hizo Dios, nos creó bellos para ellas y bellas para ellos.

Sin embargo, a pesar de que Dios nos creó con una individualidad completa, también hemos sido diseñados por Dios para vivir en pareja y podemos afirmar que el hombre y la mujer han sido creados para encontrar la idoneidad y complementariedad. La amistad llena una esfera de nuestra vida, el noviazgo es la antesala a otra vida.

## 3. LAS DIFERENCIAS ENTRE NOVIAZGO Y AMISTAD

En realidad, creo que más que hallar diferencias, encontramos similitudes en estas dos relaciones. Desde luego, esto no quiere decir que sea lo mismo. Por tal motivo, a continuación se define brevemente cada término, así como algunas frases que intentan clarificar la diferencia entre una relación de amistad y una de noviazgo.

Amigo: Es alguien con quien compartimos nuestra intimidad y sentimos un afecto personal desinteresado. Sabemos mucho de él (ella) y permitimos que él (ella) conozca más de nosotros. Podemos compartir con esa persona en un nivel más profundo de sentimientos.

Novio/a: **Persona recién casada. La que está próxima a casarse. La que mantiene relaciones amorosas con propósito de matrimonio. El que entra a un nuevo estado** (Diccionario Océano Uno). Según la Biblia el novio o la novia eran personas comprometidas para casarse. El rompimiento del noviazgo se daba sólo en casos de fuerza mayor.

### Distinción entre amistad y noviazgo:

Amistad: **Puede existir entre personas del mismo sexo o de sexos opuestos.**
Noviazgo: **Es entre ella y él.**

Amistad: **Toma importancia en diversas etapas de nuestra vida.**
Noviazgo: **Es una etapa previa al matrimonio, y nos prepara para éste.**

Amistad: **Surge de manera espontánea al coincidir en la es-** cuela, barrio, trabajo, etc.
Noviazgo: **Es una relación que buscamos o anhelamos.**

Amistad: **Es producto de nuestra necesidad de vivir en sociedad y ser aceptados.**
Noviazgo: **Es producto de la atracción de sexos opuestos.**

Amistad: **Debido a su espontaneidad, no cuenta de inicio con compromisos fuertes.**
Noviazgo: **Desde el principio se establece mediante un compromiso, donde exigimos "exclusividad".**

Amistad: **Se puede perder con el paso del tiempo, al disminuir la frecuencia de encuentros o al cambiar el punto de reunión.**
Noviazgo: **Se termina cuando una de las dos personas o ambas así lo deciden.** (También puede "terminar" en matrimonio).

## RESUMEN

Es importante que hagamos algunas preguntas que nos ayuden a tomar la decisión correcta en cuanto a la elección de amistades y de nuestra pareja: ¿Cuáles son los requisitos que establecemos para escoger a nuestros amigos? ¿Qué buscamos al interesarnos por un joven o señorita para una relación de noviazgo? ¿Qué estoy dispuesto a dar a mis amigos y/o a mi futura(o) novia(o)? ¿Mis amistades y/o mi noviazgo están de acuerdo con la voluntad de Dios?

Como seres humanos tenemos una variedad de necesidades; nuestros amigos satisfacen algunas de ellas pero no pueden sustituir la relación de pareja. De la misma forma, nuestra novia o novio no puede reemplazar la totalidad de nuestros amigos; cada tipo de relación funciona en una esfera diferente de nuestra vida. Dios atendió la petición de Abraham, y lo hizo de una manera tan clara que el grado de emoción fue en aumento cada vez que los requisitos se iban cubriendo (Génesis 24:50 y 51). De la misma manera, Dios desea atender tu necesidad; por eso es importante que en cada decisión busquemos la perfecta voluntad de Dios.

## RECURSOS COMPLEMENTARIOS

### Materiales didácticos:
1. Pizarra u hojas de rotafolio
2. Marcadores y cinta adhesiva (tape, diurex)
3. Lápices o bolígrafos
4. Fotocopias de las hojas de actividades
5. Biblias

### Información complementaria:
**Sexualidad.** Está claro que el propósito de Dios fue que existieran diferencias sexuales entre los dos géneros humanos. La persona puede ser solamente hombre o mujer. Ningún hombre o mujer es un ser humano completo por sí solo o por sí sola. La unidad mínima de la humanidad que es una persona completa debe incluir a ambos. Por lo tanto, cada individuo humano está incompleto y su sexualidad, sea masculina o femenina, es la señal de que está incompleto. Cada persona encuentra plenitud en otra cuya diferencia hace posible esa plenitud. En la unión de esas diferencias se puede obtener el amor humano más sublime. Diccionario Teológico Beacon, página 640.

### El matrimonio en la época de Abraham e Isaac.
Abraham puso una serie de requisitos para la novia y futura esposa de su hijo Isaac. Él buscaba lo mejor para su hijo y dentro de las costumbres orientales de la época era una práctica común que el padre hiciera los arreglos para el matrimonio.

En la actualidad, la mayoría de las culturas occidentales permiten que el noviazgo inicie con el consentimiento de él y de ella. El chico y la chica participan en la selección de su pareja; sin embargo, la experiencia de Abraham nos da pautas para que nosotros podamos escoger bien.

### Abriendo la Palabra

Pida a los adolescentes que representen alguna(s) de las siguientes escenas:

A) Rompimiento de una pareja de novios.
B) Cuando dos amigos pasan de ser "simplemente amigos" a iniciar una relación de noviazgo.
C) Cuando una pareja de amigos platican sobre iniciar una relación de noviazgo, pero luego deciden ser "sólo amigos".

En la lección de hoy, el grupo de adolescentes podrá identificar los rasgos que caracterizan tanto una relación de amistad como una de noviazgo. Esto les ayudará a decidir, cuando llegue el momento indicado, qué tipo de relación prefieren establecer. Es importante aclarar que aún cuando la Biblia no menciona la palabra noviazgo, si da principios que rigen esta relación.

Comparta la introducción de la lección o alguna anécdota personal que sea similar a la que se menciona en ese punto.

### Profundizando en la Palabra

Lean el pasaje para estudio. Al terminar de leerlo, pregunte al grupo qué les parece el pasaje. ¿Cómo reaccionarían si ellos fueran Isaac o Rebeca? Una vez que compartieron sus opiniones, explique cómo era el matrimonio en el tiempo de Abraham.

Después de algunos minutos en los que el grupo de su opinión acerca del matrimonio de Isaac y Rebeca, comparta el punto "1" de la lección, "Lo cambiante de nuestras emociones". Para hacerlo de una manera dinámica, utilice la hoja de actividades, "En busca del tesoro". Tenga en cuenta que a las declaraciones de falso o verdadero que se mencionan en esta hoja de actividades no se les asigna un valor determinado, ya que su propósito es ayudar al adolescente a evaluar personalmente en qué nivel de "buen amigo" se encuentra. Enfatice que para llegar a ser un buen novio(a) es importante aprender a ser un buen amigo(a).

Después de resolver el ejercicio, comparta los puntos "2" y "3" de la lección. Para desarrollar este último punto, escriba en pequeñas tarjetas las frases que aparecen en el punto "3", que hablan acerca de las diferencias entre la amistad y el noviazgo. Use una tarjeta por cada frase, escriba sólo las frases no si es amistad o noviazgo. Reparta las tarjetas a algunos adolescentes, pídales que uno por uno lean su tarjeta en voz alta, para que identifiquen si se habla de noviazgo o de matrimonio. Puede dividir la pizarra (o cartulina) en dos columnas, en una ponga como título "Amistad" y en la otra "Noviazgo"; pídales que peguen las tarjetas en la columna que consideran conveniente. Al ir ubicando cada tarjeta en la columna correcta, comente alguna experiencia por cada frase o pida a los adolescentes que hagan algún comentario.

### Aplicando la Palabra

Para entrar a la recta final de la lección, memoricen el texto bíblico que se encuentra en Proverbios 19:21. Posteriormente, comparta el resumen de la lección. Puede desarrollar esta última parte de la siguiente manera: Reparta una hoja tamaño media carta a cada adolescente. Pídales que escriban en ella al menos 10 requisitos que buscan en su futuro(a) novio(a). Después de algunos minutos, pida que en el reverso de la hoja escriban 10 cosas o cualidades que estarían dispuestos a compartir con su futuro(a) novio(a).

Finalmente, haga una oración en la que cada adolescente le pida a Dios ayuda para tomar la decisión correcta, sea en la elección de amistades o de noviazgo.

"Muchos pensamientos hay en el corazón del hombre; mas el consejo de Jehová permanecerá"
**Proverbios 19:21.**

### Abriendo la Palabra

Invite a los jóvenes a contestar la siguiente pregunta: ¿Cómo diferencian cuando una pareja es sólo de amigos y cuando en realidad son novios? Escríbanlo en la pizarra o en hojas de papel grandes.

En la lección de hoy, se hablará sobre las características que identifican tanto una relación de amistad como una de noviazgo. Esto les ayudará a decidir, cuando llegue el momento indicado, qué tipo de relación prefieren establecer.

Comparta la introducción de la lección. Luego pregunte al grupo si saben de algún pasaje en la Biblia en la que se hable del noviazgo. Es importante aclarar que aun cuando la Biblia no menciona la palabra noviazgo, si da principios que rigen esta relación.

### Profundizando en la Palabra

Lean el pasaje para estudio. Si el tamaño del grupo lo permite, que lea un verso cada joven. Al terminar de leerlo pregunte al grupo qué les parece el pasaje. ¿Cómo reaccionarían si ellos fueran Isaac o Rebeca? Una vez que compartieron sus opiniones, explique cómo era el matrimonio en el tiempo de Abraham.

Después del tiempo de compartir las opiniones sobre el matrimonio de Isaac y Rebeca, exponga los puntos "1" y "2" de la lección, "Lo cambiante de nuestras emociones" y "Una buena relación de amistad". Utilice la hoja de actividades "Revisando nuestras relaciones: Los requisitos de Abraham".

Después de resolver el ejercicio, comparta el punto "3" de la lección. Para desarrollar este punto, escriba en pequeñas tarjetas las frases que aparecen en el punto "3", que hablan acerca de las diferencias entre la amistad y el noviazgo. Use una tarjeta por cada frase. Escriba sólo las frases no si es amistad o noviazgo. Reparta las tarjetas a algunos jóvenes, pídales que uno por uno, la lean en voz alta para que identifiquen si se habla de noviazgo o de matrimonio. Puede escribir en la pizarra o en una cartulina dos columnas, en una ponga "Amistad" y en la otra "Noviazgo"; pídales que peguen las tarjetas en la columna que consideran conveniente. Al ubicar cada tarjeta en la columna correcta, comente alguna experiencia por cada frase o pida a los jovenes que hagan algún comentario.

### Aplicando la Palabra

Para entrar a la recta final de la lección, memoricen el texto bíblico que se encuentra en Proverbios 19:21. Comparta el resumen de la lección, utilizando la hoja de actividades "Revisando nuestras relaciones: Mis requisitos". Pida a los jóvenes que trabajen en ella, y posteriormente compartan algunas respuestas. Después de algunos minutos, pida que en el reverso de la hoja escriban 10 cosas o cualidades que estarían dispuestos a compartir con su futuro(a) novio(a).

Finalice la sesión con una oración en la que den gracias a Dios por los amigos y amigas que tienen. Pidan ayuda a Dios para ser buenos amigos y que cuando llegue el momento, tomen una buena decisión en la elección del muchacho o señorita que ha de ser su pareja. Quizá haya algunos jóvenes que ya tienen alguna relación de noviazgo, invítelos a darle gracias a Dios por ello y a que le pidan ayuda para mantener esa relación de acuerdo a su voluntad.

### Respuestas: Hoja de Actividades
### Revisando nuestras relaciones: Los requisitos de Abraham

| Cita Bíblica | Requisito | Comentario |
|---|---|---|
| Génesis 24:3 | ... no tomarás para mi hijo mujer de los hijos de los cananeos ... | El sentido de consagración que Abraham nos enseña incluye nuestras relaciones, es cierto que Abraham habitaba con los cananeos, pero él era del pueblo de Dios |
| Génesis 24:4 | ... sino que irás a mi tierra y a mi parentela, y tomarás mujer para mi hijo | En el versículo 7, Abraham recuerda el pacto de Dios y el desea aferrarse a la promesa, por lo que estaba dispuesto a permanecer puro, en una actitud congruente con esta promesa que Dios le había hecho. |
| Génesis 24:6 | ... guárdate que no vuelvas a mi hijo allá ... | Mucho menos permitiría que su hijo volviera allá, si Dios no contestaba su petición; él permanecería fiel pasara lo que pasara, estaba dispuesto a esperar la respuesta en el tiempo de Dios. Aún si la mujer no estaba dispuesta a venir, él le había dicho a Isaac ya muchas veces: Dios proveerá. |

| Cita Bíblica | Requisito | Comentario |
|---|---|---|
| Juan 17:16 | No son del mundo, como tampoco yo soy del mundo. | Estamos viviendo en una sociedad que carece del temor de Dios, pero es posible marcar la diferencia. |
| 2 Corintios 6:16 a 7:1 | ... así que amados, puesto que tenemos tales promesas, limpiémonos de toda contaminación de carne y de espíritu, perfeccionando la santidad en el temor de Dios. | La demanda de santidad de vida es actual, no pasa de moda. |
| 1 Pedro 2:10 | Vosotros que en otro tiempo no erais pueblo, pero que ahora sois pueblo de Dios | Jesús nos ha sacado de las tinieblas a una luz admirable, volver no es opción. |

"Muchos pensamientos hay en el corazón del hombre; mas el consejo de Jehová permanecerá"
Proverbios 19:21.

## Abriendo la Palabra

Es muy probable que a esta edad haya algunos jóvenes que tengan una relación de noviazgo. Invíteles a contestar las siguientes preguntas:

1. ¿Cómo se dieron cuenta de que la persona con la que ahora son novios les inspiraba a establecer más allá de una relación de amistad?

2. ¿Cómo supieron que ustedes estaban listos para iniciar una relación de noviazgo?

Comparta la introducción de la lección. Luego, pregunte al grupo si saben de algún pasaje en la Biblia en la que se hable del noviazgo. Dé un tiempo, en espera de que los jóvenes den posibles respuestas; posteriormente aclare que aún cuando la Biblia no menciona la palabra noviazgo, sí da principios que rigen esta relación.

## Profundizando en la Palabra

Lean el pasaje para estudio. Si el tamaño del grupo lo permite, dramaticen este pasaje. Asigne a cada joven un personaje de la historia.

Una vez que han leído o dramatizado el pasaje, pregúnteles: ¿Cómo reaccionarían si un día sus papás llegaran con ustedes y les dijeran: "Hijo(a), hemos elegido a la persona con la que te vas a casar"? Una vez que compartieron sus opiniones, explique cómo era el matrimonio en el tiempo de Abraham.

Ahora comparta los puntos "1" y "2" de la lección, "Lo cambiante de nuestras emociones" y "Una buena relación de amistad". Utilice la hoja de actividades "Revisando nuestras relaciones: Los requisitos de Abraham".

Después de un tiempo conveniente para resolver el ejercicio, comparta el punto "3". Para desarrollar este punto, escriba en pequeñas tarjetas las frases que aparecen en el punto "3", que hablan acerca de las diferencias entre la amistad y el noviazgo. Use una tarjeta por cada frase, escriba sólo las frases no si es amistad o noviazgo.

Reparta una tarjeta por cada joven y pídales que uno por uno la lean en voz alta. Divida la pizarra o el pliego de papel en dos columnas, en una ponga como título "Amistad" y en la otra "Noviazgo"; pida a los jóvenes que clasifiquen las tarjetas en la columna correcta. Pueden agregar otras frases que consideren convenientes.

## Aplicando la Palabra

Para entrar a la recta final de la lección, memoricen el texto bíblico que se encuentra en Proverbios 19:21. Comparta el resumen de la lección, y haga las siguientes preguntas: ¿A dónde me llevan mis amigos? ¿Hacia dónde vamos mi novia(o) y yo? Pida al grupo que haga una lista con las características que deben cubrir sus amigos, luego que hagan otra lista con las características que esperan de un novio(a).

Pregunte a los alumnos, ¿de qué forma puede el Señor ayudarnos a elegir bien nuestras amistades como a el novio o novia adecuado(a)?

Finalice la sesión con una oración en la que den gracias a Dios por los amigos(as). También pidan ayuda a Dios para ser buenos amigos y que cuando llegue el momento de tomar una decisión en la elección del muchacho o señorita que ha de ser su novio(a) esta sea la indicada. Quizá haya algunos jóvenes que ya tienen alguna relación de noviazgo, invítelos a darle gracias a Dios por ello y a que le pidan ayuda para mantener esa relación de acuerdo a su voluntad.

### Respuestas: Hoja de Actividades

Revisando nuestras relaciones: Los requisitos de Abraham

| Cita Bíblica | Requisito | Comentario |
|---|---|---|
| Génesis 24:3 | ... no tomarás para mi hijo mujer de los hijos de los cananeos ... | El sentido de consagración que Abraham nos enseña incluye nuestras relaciones, es cierto que Abraham habitaba con los cananeos, pero él era del pueblo de Dios |
| Génesis 24:4 | ... sino que irás a mi tierra y a mi parentela, y tomarás mujer para mi hijo | En el versículo 7, Abraham recuerda el pacto de Dios y desea aferrarse a la promesa, por lo que estaba dispuesto a permanecer puro, en una actitud congruente con esta promesa que Dios le había hecho. |
| Génesis 24:6 | ... guárdate que no vuelvas a mi hijo allá ... | Mucho menos permitiría que su hijo volviera allá, si Dios no contestaba su petición; él permanecería fiel pasara lo que pasara, estaba dispuesto a esperar la respuesta en el tiempo de Dios. Aún si la mujer no estaba dispuesta a venir, él le había dicho a Isaac ya muchas veces: Dios proveerá. |

| Cita Bíblica | Requisito | Comentario |
|---|---|---|
| Juan 17:16 | No son del mundo, como tampoco yo soy del mundo. | Estamos viviendo en una sociedad que carece del temor de Dios, pero es posible marcar la diferencia. |
| 2 Corintios 6:16 a 7:1 | ... así que amados, puesto que tenemos tales promesas, limpiémonos de toda contaminación de carne y de espíritu, perfeccionando la santidad en el temor de Dios. | La demanda de santidad de vida es actual, no pasa de moda. |
| 1 Pedro 2:10 | Vosotros que en otro tiempo no erais pueblo, pero que ahora sois pueblo de Dios | Jesús nos ha sacado de las tinieblas a una luz admirable, volver no es opción. |

"Muchos pensamientos hay en el corazón del hombre; mas el consejo de Jehová permanecerá" Proverbios 19:21.

# HOJA DE ACTIVIDADES

## Revisando nuestras relaciones: Los requisitos de Abraham

"Muchos pensamientos hay en el corazón del hombre; mas el consejo de Jehová permanecerá" Proverbios 19:21.

**Primer paso: Anota los requisitos que Abraham indicó a su siervo y comenta su significado**

| Cita Bíblica | Requisito | Comentario |
|---|---|---|
| Génesis 24:3 | | |
| Génesis 24:4 | | |
| Génesis 24:6 | | |

**Segundo paso: Relaciona los requisitos con los siguientes pasajes y coméntalos con el resto de la clase**

| Cita Bíblica | Requisito | Comentario |
|---|---|---|
| Juan 17:16 | | |
| 2 Corintios 6:16 a 7:1 | | |
| 1 Pedro 2:10 | | |

# HOJA DE ACTIVIDADES

## EN BUSCA DEL TESORO

Encontrar o ser buen amigo(a), es tan difícil como encontrar o ser un(a) buen(a) novio(a). Pero sin duda, si aprendes a ser buen amigo, habrás dado un gran paso en la preparación para llegar a ser un buen novio(a). ¿Qué te parece si haces una prueba para saber si estás en el camino correcto para ser un buen amigo(a)? Bien, ¡adelante!

Se lo más honesto posible y marca con una cruz la letra que consideres conveniente, "F" (falso) y "V" (verdadero).

| | F | V |
|---|---|---|
| Aceptas a alguien como tu amigo, sólo si tiene una cara bonita. | F | V |
| Te importa que tus amigos sean populares. | F | V |
| Aun cuando estás enojado, tienes cuidado de no lastimar con algún comentario a tus amigos. | F | V |
| Es importante que tus amigos vistan ropa cara. | F | V |
| Un requisito para aceptar a alguien como tu amigo es que sea un buen cristiano/a. | F | V |
| Es importante que tus amigos sean deportistas. | F | V |
| Eres capaz de pedir ayuda a algún amigo(a) cuando pasas por situaciones difíciles. | F | V |
| Valoras a las personas que tienen una conversación agradable. | F | V |
| Crees que el respeto es importante en una amistad. | F | V |
| Crees que un elemento indispensable en la amistad es la honestidad. | F | V |
| Crees que lo único que vale es ganar. | F | V |
| Estarías dispuesto a hacer trampa en un examen con tal de ayudar a tus amigos. | F | V |
| Serías amigo(a) de alguien, aún en contra de la voluntad de tus padres. | F | V |
| Siempre estás dispuesto a escuchar a tu amigo(a), cuando él o ella tiene problemas. | F | V |
| Has pedido ayuda a Dios para elegir a tus amistades. | F | V |
| Estarías dispuesto a aceptar alguna crítica de algún amigo(a), sin sentirte ofendido. | F | V |

*"Muchos pensamientos hay en el corazón del hombre; mas el consejo de Jehová permanecerá" Proverbios 19:21.*

# HOJA DE ACTIVIDADES

## Revisando nuestras relaciones: Mis requisitos

El hombre es un ser sociable y por lo tanto le es imposible vivir sin el contacto con el resto de la humanidad. Sin embargo, muy pocas veces reflexionamos sobre las cualidades que buscamos en la gente que nos rodea.

Elabora una lista con las cualidades que tú consideras importantes que tu novia o novio debería tener. Después consulta con tus padres y también con algún adulto casado de la congregación. Luego, haz una segunda lista con las cualidades de un amigo.

### Lista de cualidades de mi novio (novia)

| Cualidades según yo | Cualidades según mis padres | Cualidades según un hermano adulto |
|---|---|---|
|  |  |  |
|  |  |  |
|  |  |  |
|  |  |  |

### Lista de cualidades de mis amigos (amigas)

| Cualidades según yo | Cualidades según mis padres | Cualidades según un hermano adulto |
|---|---|---|
|  |  |  |
|  |  |  |
|  |  |  |
|  |  |  |

*"Muchos pensamientos hay en el corazón del hombre; mas el consejo de Jehová permanecerá"* Proverbios 19:21.

# El fiel mayordomo

Dana Benscoter

## DESARROLLO DE LA LECCIÓN

### INTRODUCCIÓN

¿Alguna vez participó en una obra de teatro de la escuela? ¿O tal vez en los dramas organizados por la iglesia en Navidad o Semana Santa? Casi estoy seguro de que ahora mismo se le está dibujando una sonrisa al recordar los papeles que representó. Cuando se enteraba de que tendrían que montar una obra de teatro, quizá se sentía expectante o impaciente por saber cuál papel le asignaría el director.

Por otro lado, tal vez recuerda con nerviosismo y pena algún momento en que en pleno estreno de la obra se le olvidó su parlamento. ¿Exagero al decir que en ese instante hubiera deseado que la tierra se lo tragara?

Permítame decirle que si usted nunca actuó en una representación teatral, no significa que no haya pasado por momentos penosos por olvidarse de su papel. Es más, estoy seguro de que todos en algún momento dado nos hemos olvidado del papel que se nos asignó en la "obra de la vida".

Dios fue muy claro desde el principio del universo al asignar al ser humano el papel de mayordomo de la creación (Génesis 1:28). Sin embargo, el ser humano menospreció su papel, pretendiendo ser el autor de la obra.

### 1. MI PAPEL EN LA VIDA

¿Cuál es mi papel en la vida? es una pregunta que muchos se han hecho. Pero para responder esta pregunta primero debemos dejar en claro que Dios es el único dueño de todo. A partir de esta declaración tenemos la clave para saber quiénes somos nosotros. Es decir, si hay un solo dueño ése es Dios, entonces concluimos que nosotros somos los siervos.

Así es, somos siervos de Dios. Pero la palabra que describe mejor nuestro papel es, "administrador". La palabra griega para administrador es "oikonos" que puede traducirse indistintamente como: administrador o mayordomo.

Sabemos que todo administrador tiene una gran responsabilidad; después del dueño, él es la máxima autoridad. Al administrador se le encargan todas las propiedades y asuntos de una organización empresarial o de la casa de su señor.

La Biblia nos muestra claramente que Dios es el dueño de todo y le ha dado al hombre la autoridad de ser mayordomo. "Le hiciste señorear sobre las obras de tus manos; Todo lo pusiste debajo de sus pies" (Salmo 8:6). Está claro entonces que nuestro papel es ser mayordomo, pero, ¿cuál es nuestra responsabilidad?

En pocas palabras podemos decir que la responsabilidad del hombre es ser fiel. Dios nos ha dado instrucciones precisas para cuidar las cosas que Él ha creado. El pasaje de 1 Corintios 4:2 nos dice: "Ahora bien, se requiere de los administradores, que cada uno sea hallado fiel".

Pero no se nos ha encomendado una responsabilidad sin darnos previamente las instrucciones específicas. Así como una persona al comprar un televisor estudia el manual para usarlo de la manera correcta, nosotros necesitamos examinar el manual del Creador, la Biblia, para determinar cómo quiere Él que manejemos todas sus posesiones.

### 2. FIELES ADMINISTRADORES

La fidelidad a Dios puede ser vista desde dos ángulos:

**A) Cuidar lo que se nos ha dado.** El Señor nos pide que seamos fieles, sin importar cuántas cosas Él nos ha confiado. La parábola de los talentos ilustra esto: "...como un hombre que yéndose lejos, llamó a sus siervos y les entregó sus bienes. A uno dio cinco talentos, a

Pasaje de estudio: Mateo 25:14-30.

Versículo para memorizar: "Ahora bien, se requiere de los administradores, que cada uno sea hallado fiel" 1 Corintios 4:2.

Principio bíblico: Somos mayordomos de Dios y cada día damos cuenta de lo que Él nos ha dado.

Propósito: Que el joven comprenda que cada uno de nosotros somos siervos de Dios; y Él demanda fidelidad en todo momento.

otro dos, a otro uno y a cada uno conforme a su capacidad" (Mateo 25:14-15). Cuando el señor volvió, pidió cuentas a sus siervos. El señor felicitó al siervo fiel que recibió los cinco talentos. "...Bien, buen siervo y fiel; sobre poco has sido fiel, sobre mucho te pondré; entra en el gozo de tu señor" (Mateo 25:21). Al siervo que fue fiel con los dos talentos se le felicitó y premió de la misma manera en que se había recompensado al siervo con cinco talentos (Mateo 25:23).

El Señor premia la fidelidad sin importar la cantidad sobre la cual somos responsables. Muchas veces pensamos, "si Dios me diera una gran voz, yo podría dirigir la alabanza", o "si Dios me diera facilidad de palabra, yo sería un gran predicador en campañas y congresos". La Biblia nos dice que se pide de nosotros fidelidad, ya sea que se nos haya dado mucho o poco. Como alguien dijo una vez, "No es lo que haría si tuviera $1,000,000.00 sino es lo que estoy haciendo con los $10.00 que tengo ahora".

**B) Fidelidad total hasta en el más mínimo detalle.**
Una palabra que representa muy bien la fidelidad es, "obediencia". Debemos ser fieles con todo lo que Dios nos ha dado. Y cuando hablamos de TODO, estamos incluyendo: posesiones materiales, habilidades o talentos, relaciones afectivas, trabajo, responsabilidades espirituales, tiempo, etc.

Dios nos exige ser fieles con el 100% de todo lo que es de Él. Muchas veces creemos que le debemos dar "lo mejor" al Señor, pero la realidad es que le debemos dar todo, porque todo es de Él. Sí, tanto lo que consideramos como "cualidades", como lo que pensamos que son "defectos".

En la parábola de los talentos, el siervo que recibió sólo un talento, tal vez se preguntó, ¿qué espera el amo de mí, si sólo me dio un talento? Comparado con lo de los demás, es muy poco". Por eso, fue y escondió el talento en la tierra. No lo puso a producir. Y finalmente, cuando el amo le pidió cuentas, le quitó lo que tenía porque no había entregado siquiera una mínima ganancia.

El escritor del libro de Eclesiastés termina el libro diciendo: "... Teme a Dios, y guarda sus mandamientos; porque esto es el todo del hombre. Porque Dios traerá toda obra a juicio, juntamente con toda cosa encubierta, sea buena o sea mala" (Eclesiastés 12:13-14). Así es, un día tendremos que dar cuenta de todo lo que Dios nos ha confiado.

## RESUMEN

No debemos olvidar que el Señor conoce todo sobre nosotros. Hebreos 4:13 nos dice: "Y no hay cosa creada que no sea manifiesta en su presencia; antes bien todas las cosas están desnudas y abiertas a los ojos de aquel a quien tenemos que dar cuenta". El libro de los Salmos también nos dice: "Oh Jehová, tú me has examinado y conocido. Tú has conocido mi sentarme y mi levantarme; Has entendido desde lejos mis pensamientos" (Salmo 139:1-2).

Imagine que tuviera una cámara de video que le estuviera observando todo el tiempo, las 24 horas del día. Bueno, algo similar es respecto a la presencia de Dios. Él sabe todo sobre nosotros, nos ve cómo estamos usando lo que Él nos ha dado, incluyéndonos a nosotros mismos. Pero Él no está como un acusador que desea castigarnos cuando olvidamos nuestro papel. Al contrario, aun cuando sabemos que un día nos pedirá cuentas de lo que hicimos, Él desea ayudarnos y guiarnos en el difícil arte de la mayordomía.

Dios desea que cada uno de nosotros, como mayordomos que somos, podamos presentarnos delante de Él como "fieles en nuestra responsabilidad".

## RECURSOS COMPLEMENTARIOS

**Materiales didácticos:**
1. Pizarra y hojas para rotafolio
2. Marcadores o tiza (gis)
3. Biblias
4. Fotocopias de las hojas de actividades para cada alumno
5. Lápices o bolígrafos
6. Cheques "falsos"

**Historia: La perla de gran precio**
**Tomado del libro "Discípulo" de Juan Carlos Ortiz, Edit. Betania**

"Se cuenta que un día llegó un vendedor a una casa y tocó la puerta. Se abrió la puerta y salió un hombre. El vendedor, ni tardo ni perezoso, empezó a mostrar y hablar de todas las cosas que tenía a la venta; pero hubo una que llamó poderosamente la atención del hombre. Era una perla muy hermosa. Realmente había llamado mucho su atención, por lo que se atrevió a preguntar:

-¿Cuánto cuesta esta perla? -quiero tenerla.
-Bueno, -dijo el vendedor, -es muy cara.
-Bien, pero, ¿cuánto cuesta? -insistió.
-Es muy cara.
-¿Piensa que podré comprarla?
-Por supuesto, cualquiera puede adquirirla.
-Pero, ¿es que me acaba de decir que es muy cara?
-Sí.
-Entonces, ¿cuánto cuesta?
-Todo cuanto usted tiene -responde el vendedor.
  Se quedó pensativo el hombre. -Muy bien, estoy decidido ¡voy a comprarla! -exclamó.
-Perfecto, ¿cuánto tiene usted? -preguntó el vendedor, -hagamos cuentas.
-Muy bien. Tengo cinco millones de pesetas en el banco.
-Bien, cinco millones, ¿qué más?
-Eso es todo cuanto poseo.
-¿No tiene ninguna otra cosa?
-Bueno... tengo unas cuantas pesetas en mi bolsillo.
-¿A cuánto ascienden?
  (El hombre se pone a buscar en sus bolsillos) -Veamos, esto... cien, doscientas, trescientas... aquí está todo ¡ocho mil pesetas!
-Estupendo. ¿Qué más tiene?
-Ya le dije. Nada más. Eso es todo.
-¿Dónde vive? -le pregunta el vendedor.
-Pues, en mi casa. Tengo una casa.
-Entonces la casa también -dice el vendedor mientras toma nota.
-¿Quiere decir que tendré que vivir en mi tienda de campaña?
-¡Ajá! ¿Con qué también tiene una tienda de campaña? La tienda de campaña también.
-¿Qué más?
-Pero si se la doy entonces tendré que dormir en mi automóvil.
-¿Así que también tiene un auto?
-Buueeno... a decir verdad tengo dos.
-Perfecto. Ambos coches pasan a ser de mi propiedad. ¿Qué otra cosa tiene?
-Mire, ya le di mi dinero, mi casa, mi tienda de campaña, mis dos automóviles. ¿Qué otra cosa quiere?
-¿Está solo? ¿No tiene a nadie?
-Sí, tengo esposa y dos hijos...
-Excelente. Su esposa y niños también.
-¿Qué más?
-¡No me queda ninguna otra cosa! Ahora estoy solo.
  De pronto el vendedor exclama:
-Pero, ¡casi se me pasa por alto! Usted. ¡Usted también! Todo pasa a ser de mi propiedad... Y en seguida añade: -Preste atención. Por el momento le voy a permitir que use todas esas cosas pero no se olvide que son mías y que usted también me pertenece, siempre que necesite cualquiera de las cosas de que acabamos de hablar debe dármelas porque yo soy el dueño.

**Definición de términos:**

**Mayordomo.** En el Antiguo Testamento el mayordomo es la persona que está a cargo de la casa (Génesis 43:19; 44:4; Isaías 22:15, etc.). En el Nuevo Testamento hay dos palabras que se traducen mayordomo: epitropos (Mateo 20:8; Gálatas 4:2), es decir, la persona a cuyo cuidado u honor ha sido confiado otro como curador o guardián; y oikonomos (Lucas 16:2-3; 1 Corintios 4:1-2; Tito 1:7; 1 Pedro 4:10), es decir, administrador, superintendente. Ésta palabra se usa para describir la función de responsabilidad delegada, como en la parábola de los labradores y en la del mayordomo infiel.

Más profundamente, se usa para la responsabilidad del cristiano, que le ha sido delegada bajo el "gobierno real de Cristo de su propia casa". Todas las cosas son de Cristo y los cristianos son sus ejecutores o mayordomos. Los cristianos son admitidos para cumplir las responsabilidades de administración que tiene Cristo sobre este mundo; de modo que la mayordomía puede considerarse como una dispensación (1 Corintios 9:17; Efesios 3:2; Colosenses 1:25).

BIBLIOGRAFÍA. J. Goetzmann, "Casa", DTNT, t(t). I, pp. 233-242; R. de Vaux, Instituciones del Antiguo Testamento, 1985, pp. 186-189.

**Currículum Vitae.** Conjunto de datos relativos a estado civil, estudios y aptitudes profesionales de una persona (Pequeño Larousse Ilustrado).

### Dinámica: "Cazador, rifle u oso"

Divida a los jóvenes en dos grupos y pídales que se paren frente a frente. Cada equipo deberá decidir secretamente cuál de las tres cosas será: cazador (permanecerá inmóvil), rifle (con los brazos extendidos hacia el frente) u oso (con los brazos hacia arriba). Al momento en que usted dé la señal, cada equipo deberá colocarse en la posición que hayan elegido.

El criterio para determinar quién gana cada ronda es el siguiente: Cazador vence al rifle, el rifle vence al oso, el oso vence al cazador. Pero esta dinámica tiene un grado de dificultad más alto, ya que la competencia no es por equipo, sino individual. Por lo tanto la puntuación será de la siguiente manera: Cada vez que un equipo gane un ronda, cada integrante del equipo ganador acumulará 10 puntos, pero si una persona (de ese equipo) se coloca en posición diferente al resto del grupo, acumulará 100 puntos en lugar de 10. Pero si más de una persona se coloca diferente a la mayoría del grupo, entonces, quienes se colocaron diferentes a la mayoría del grupo no ganarán ningún punto.

*Somos siervos de Dios;*
*Él demanda fidelidad*
*en todo momento*

65

# La lección para...

## Adolescentes (12 - 15 años)

## Abriendo la Palabra

Para iniciar la clase, divida a los adolecentes en grupos y déles un cheque "imaginario", el cual debe recortar de la hoja de actividades "Cheques falsos". Si son sólo dos grupos, entregue a uno de los grupos un cheque por la cantidad de 500 dólares y al otro grupo uno por 100. Si son más grupos, dé a uno un cheque por 100 dólares y a los demás, cheques por 500.

Ahora, pídales que se reúnan y elaboren un proyecto para invertir ese dinero; deberán dar los mayores detalles, de tal manera que justifiquen el uso del dinero. Después de unos cinco minutos de trabajo, pida que cada grupo exponga su proyecto.
Utilice las siguientes preguntas para generar un diálogo:
• ¿Cómo se sintieron al tener ese dinero sin haber antes trabajado para obtenerlo?
• ¿Qué les motivó a invertirlo de la manera en la que lo hicieron?
• ¿Qué sintieron los que recibieron menos dinero? ¿Creen que fue justo?
Después de que los grupos compartan sus respuestas, exponga la introducción de la lección.

## Profundizando en la Palabra

Lean juntos Mateo 25:14-30. Elija con suficiente anticipación a algunos voluntarios para que dramaticen la parábola. Una vez que hayan terminado de representar la parábola, comparta el punto "1" de la lección, "Mi papel en la vida".

Luego, puede contar la historia "La perla de gran precio" que puede encontrar en la sección de recursos complementarios. Enseguida comparta el punto "2", "Fieles administradores".

Entregue la hoja de actividades, "Consejos para la vida". Para resolver este ejercicio es importante comprender que el ser humano es integral, cada una de las áreas se relacionan estrechamente. Por ejemplo: Nuestra vida espiritual se ve reflejada en nuestra relación con nuestros semejantes. Por lo tanto, la asignación correcta puede ser una combinación de varias opciones.

### Una posible solución del ejercicio es la siguiente:
Física: a, h, m, o, p; Espiritual: b, d, e, f; Intelectual: i, j, l; Emocional: c,g,k,n.

## Aplicando la Palabra

"Ahora bien, se requiere de los administradores, que cada uno sea hallado fiel" 1 Corintios 4:2.

Trabaje con el grupo memorizando 1 Corintios 4:2. Puede premiar con un pequeño regalo (dulce, chocolate, separador de libros, etc.), a los tres primeros adolescentes que lo hayan aprendido. Enseguida, comparta el resumen de la lección.

Entregue la hoja de actividades, "Fidelidad Total", e invite a los adolescentes a que hagan una lista de todo lo que posean y escriban alguna manera específica para usarla. Por ejemplo: "Mis papás me compraron una computadora que puedo usarla para hacer mis tareas y ayudar a mis compañeros en sus estudios".

Concluyan con una oración de compromiso, declarándole a Dios el deseo de ser responsables y fieles en su papel como mayordomos. Motíveles a que durante la semana oren diariamente a Dios pidiéndole que les ayude a hacer un buen uso de sus posesiones y talentos.

# La lección para...

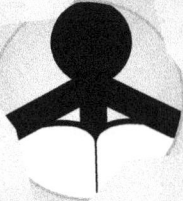

### Abriendo la Palabra

Un buena opción es utilizar la dinámica "Cazador, rifle u oso" que puede encontrar en la sección de recursos complementarios de esta lección. Realicen por lo menos 10 rondas y al terminar la dinámica, pregunte:

• ¿Qué pasó por tu mente cuando estabas decidiendo en qué posición colocarte?

• ¿Fue difícil seguir con el grupo cuando sabías que podías ganar más puntos si ibas en contra de la decisión del grupo?

• ¿En qué se parece esta dinámica al hecho de que el ser humano no estuvo conforme con el papel que Dios le dio en el principio?

Después de un diálogo con el grupo, comparta la introducción de la lección, enfatizando que el ser humano no estuvo conforme con su papel como mayordomo, sino que quiso ser más que el mismo autor de la creación.

### Profundizando en la Palabra

Lean juntos Mateo 25:14-30. Consiga diferentes versiones de la Biblia para leer el pasaje. Esto ayudará a ampliar el entendimiento del texto. Una vez que hayan leído la parábola de los talentos, comparta el punto "1" de la lección, "Mi papel en la vida". Luego, puede contar la historia, "La perla de gran precio". Depues, comparta el punto "2", "Fieles administradores". Forme cuatro grupos y a cada uno entregue una tarjeta con una cita bíblica escrita en ella:

• Génesis 29:1-12
• Génesis 40:1-4
• Génesis 41:39-41
• Génesis 47:1-12

Cada grupo deberá leer el pasaje que le fue asignado y describir cómo se manifestó la fidelidad de José en cada situación. Después de cinco minutos, compartan las respuestas de los tres grupos. Para concluir este ejercicio comente a los jóvenes que es importante comprender que el ser humano es integral, cada una de las áreas se relacionan estrechamente. En el caso de José, se demostró que es posible ser fiel mayordomo en todas las áreas de la vida.

### Aplicando la Palabra

Memoricen 1 Corintios 4:2, posteriormente comparta el resumen de la lección.

Entregue la hoja de actividades, "Fidelidad Total", e invite a los jóvenes a que hagan una lista de todo lo que posean y alguna manera específica para usarlo, conscientes de que deben ser buenos mayordomos. Por ejemplo:

Todo lo que Dios me dio es...
1. Tengo talento para cantar
   Y estoy dispuesto a usarlo de la siguiente manera...
   • Formando parte del ministerio de alabanza de la iglesia.

Concluya con una oración de compromiso, declarándole a Dios el deseo de ser responsables y fieles en nuestro papel como mayordomos. Motive a los jóvenes a que durante la semana oren diariamente a Dios pidiéndole que les ayude a hacer un buen uso de sus posesiones y talentos.

"Ahora bien, se requiere de los administradores, que cada uno sea hallado fiel"
1 Corintios 4:2.

# La lección para...

## Abriendo la Palabra

Inicie la reunión diciendo a los jóvenes que el día de hoy serán contratados por el empresario más rico del mundo. Sin embargo, para que esto sea realidad, deben convencerlo de que realmente ustedes son los candidatos ideales para su empresa. Por lo tanto, deberán elaborar su "Currículum Vitae", describiendo a detalle todo lo que saben hacer, sus estudios, sus posesiones, sus mayores virtudes, sus limitaciones, relaciones familiares, sentimentales, etc. Para esto entregeles la hoja de actividades "Currículum Vitae".

Después de cinco minutos en los que los jóvenes trabajen individualmente, pídales que le entreguen la hoja para que usted la lea a los demás integrantes del grupo. Después de haber leído el currículum de todos los jóvenes, diga que va a contratar a todos porque la misión que su empresa tiene es muy difícil y se requerirá el apoyo de todos.

Ahora coménteles que la misión consiste en "rescatar el mundo y gobernarlo justamente". Por lo tanto, deberán desarrollar una estrategia y organizarse para cumplir con su misión. Después de otros cinco minutos, pida que un voluntario describa cómo están organizados y cuál es su plan para gobernar al mundo.

Esta dinámica le servirá de introducción para comentar que en un principio Dios consideró al ser humano como el encargado de cuidar y proteger la creación (Génesis 1:28). Es decir, era el administrador de la creación. Pero al ser humano le pareció que este papel era muy poco para él y decidió rebelarse con el propósito de convertirse en el dueño del mundo.

Al menospreciar su tarea, el ser humano ocasionó un desequilibrio tremendo en la creación. Sin embargo, Dios desea que el ser humano asuma nuevamente el papel para el que fue creado. En la lección del día de hoy se hablará acerca del ser humano como mayordomo de Dios, por lo tanto, como responsable del cuidado de todo lo que Dios le ha dado.

*"Ahora bien, se requiere de los administradores, que cada uno sea hallado fiel"*
*1 Corintios 4:2.*

## Profundizando en la Palabra

Lean juntos Mateo 25:14-30. Consiga diferentes versiones de la Biblia para leer el pasaje. Esto ayudará a ampliar el entendimiento del texto. Una vez que hayan leído la parábola de los talentos, comparta el punto "1", "Mi papel en la vida".

Luego, puede contar la historia, "La perla de gran precio". Despues comparta el punto "2", "Fieles administradores".

Ahora, pida al grupo que nombren algunos personajes de la Biblia que son ejemplos de mayordomos fieles. De manera especial hablen acerca de José. Para hacerlo de una manera dinámica, forme cuatro grupos y a cada uno entregue una tarjeta con una cita bíblica escrita en ella:
- Génesis 29:1-12
- Génesis 40:1-4
- Génesis 41:39-41
- Génesis 47:1-12

Cada grupo deberá leer el pasaje que le fue asignado y describir cómo se manifestó la fidelidad de José en cada situación. Después de cinco minutos, compartan las respuestas de los tres grupos. Para concluir este ejercicio comente a los jóvenes que es importante comprender que el ser humano es integral y cada una de las áreas se relacionan estrechamente. En el caso de José, se demostró que es posible ser fiel mayordomo en todas las áreas de la vida.

## Aplicando la Palabra

Este es el momento para entregar y resolver la hoja de actividades, "¡Responsable de todo!". Una vez que terminaron el ejercicio, lean 1 Corintios 4:2 y memorícenlo. Enseguida, comparta el resumen de la lección.

Regrese a cada joven la hoja de actividades, "Currículum Vitae", que en un inicio llenaron e invíteles a que, tomando como referencia esta hoja, hagan una lista de todo lo que pueden hacer usando las posesiones, habilidades y dones que Dios les ha dado. Por ejemplo:

*1. Estudié construcción y electricidad, así que puedo usar esta preparación ayudando en el proyecto de construcción de la iglesia y ayudar en el mantenimiento de las casas de hermanos que necesiten ayuda.*

Concluya con una oración de compromiso, declarándole a Dios el deseo de ser responsables y fieles en su papel de mayordomos. Motive a los jóvenes a que durante la semana oren diariamente a Dios pidiéndole que les ayude a hacer un buen uso de sus posesiones y talentos, evaluando cómo están usando lo que Dios le dio.

# HOJA DE ACTIVIDADES

# CONSEJOS PARA LA VIDA

**A continuación encontrarás un ejercicio que te dará algunos consejos para ser un buen mayordomo de todo lo que Dios te ha dado. Relaciona la lista de consejos con las áreas que se ilustran en los esquemas de la derecha.**

a. Seleccionar cuidadosamente los programas de TV que veo.

b. Ofrendar y diezmar correctamente.

c. Obedecer y respetar a mis padres.

d. Asistir a los cultos y actividades de la iglesia.

e. Leer mi Biblia constantemente.

f. Compartir el evangelio con mis amigos.

g. Respetar a mis maestros.

h. Mantenerme puro sexualmente.

i. Poner mis conocimientos y habilidades al servicio de los demás.

j. Procurar ser buen estudiante y obtener buenas notas.

k. Ayudar a mis amigos cuando tienen problemas.

l. Ser honesto y responsable en mi trabajo.

m. No usar mi boca para ofender a los demás.

n. Querer y ayudar a mis hermanos.

o. Ahorrar el dinero y no malgastarlo.

p. No involucrarme en vicios como el alcoholismo, la drogadicción, etc.

**Área espiritual**

**Área emocional**

**Área física**

**Área intelectual**

"Ahora bien, se requiere de los administradores, que cada uno sea hallado fiel" 1 Corintios 4:2.

# HOJA DE ACTIVIDADES

# FIDELIDAD TOTAL

"Ahora bien, se requiere de los administradores, que cada uno sea hallado fiel"
1 Corintios 4:2.

Todo lo que Dios me dio es ...

1. _____
2. _____
3. _____
4. _____
5. _____
6. _____
7. _____
8. _____
9. _____
10. _____

Y estoy dispuesto a usarlo de la siguiente manera ...

1. _____
2. _____
3. _____
4. _____
5. _____
6. _____
7. _____
8. _____
9. _____
10. _____

## ¡RESPONSABLE DE TODO!

**Preguntas para discusión:**

Explique el significado de la palabra "mayordomo"

_____

_____

¿De qué somos mayordomos?

_____

_____

**Escriban y comenten de qué manera pueden ser buenos mayordomos, y demostrar fidelidad en cada una de las áreas de su vida.**

Área espiritual: _____

_____

Área emocional: _____

_____

Área intelectual: _____

_____

Área física: _____

_____

*"Ahora bien, se requiere de los administradores, que cada uno sea hallado fiel"*
1 Corintios 4:2.

# HOJA DE ACTIVIDADES

## CURRÍCULUM VITAE

**Nombre:** _____

**Edad:** _____

**Teléfono:** _____

**Estudios:** _____
_____
_____

**Habilidades:** _____
_____
_____

**Limitaciones:** _____
_____
_____

**Posesiones:** _____
_____
_____

**Relaciones Interpersonales:** _____
_____
_____

*"Ahora bien, se requiere de los administradores,
que cada uno sea hallado fiel"*
1 Corintios 4:2.

# HOJA DE ACTIVIDADES

## Cheques falsos

### Banco Oficial del Reino Divino

Lugar: _____ Fecha: _____

Cantidad: _____ $: _____

A favor de: _____

Firma Autorizada: _____

### Banco Oficial del Reino Divino

Lugar: _____ Fecha: _____

Cantidad: _____ $: _____

A favor de: _____

Firma Autorizada: _____

*"Ahora bien, se requiere de los administradores, que cada uno sea hallado fiel"*
1 Corintios 4:2.

# ¿Dónde está tu tesoro?

David González

## DESARROLLO DE LA LECCIÓN

### INTRODUCCIÓN

¿Quién no ha realizado al menos una compra en su vida? Todos, sin excepción alguna, hemos comprado ya sea un bien o un servicio y la mayoría nos iniciamos en este difícil "arte" desde muy temprana edad.

En la actualidad, para hombres y mujeres, una de las actividades más comunes es comprar. **Comprar** es la palabra favorita de nuestros días. Para la mayoría de la gente es muy importante tener un buen automóvil, una buena casa, buena ropa, el equipo de vídeo y sonido que recién han salido al mercado, muchas cosas más.

Con lo anterior no quiero decir que comprar sea malo, sin embargo, es necesario que nos detengamos a ver ¿qué? o ¿quién? nos motiva a hacerlo.

### 1. CONSUMO VRS. CONSUMISMO

Para iniciar, es necesario definir algunos términos claves. El primero de ellos es **compra**. Este es el hecho físico de adquirir un producto, bien o servicio a cambio generalmente de dinero. La compra no se realiza al azar, se tiene un motivo, algunas veces racional y objetivo, y en otras ocasiones emocional.

Un término similar al de compra es el **consumo**; pero cuidado, no debemos confundirlo con la palabra **consumismo**. El consumo forma parte de la vida del hombre y es esencial en el desarrollo a nivel económico, cultural y de relaciones humanas. Desde la construcción de una casa, hasta transitar por una ciudad, son actividades donde el consumo es necesario.

El consumo no es un acto sin pensar ni compulsivo, permite satisfacer necesidades básicas, mejorar las condiciones materiales de vida y en ocasiones dar cierta gratificación psicológica. Sirve para expandir la economía de un país, reactivar la producción, dar empleo, como también para diferenciar y determinar distintos niveles socioculturales. Consumir deriva del término latín "consumere" que significa gastar. Gasto de aquellas cosas que se destruyen con el uso.

El consumo en sí mismo no es malo. Sin embargo, se convierte en un gran problema cuando superamos los niveles tolerables y nos guiamos por patrones de conducta artificiales. Cuando llegamos a ese extremo, entonces nos encontramos con un enorme letrero que nos dice: "Bienvenidos al **consumismo**". La parábola del rico insensato (Lucas 12:13-21), es un claro ejemplo de una actitud consumista. El hombre del relato sólo quería acumular más y más para sus propios deleites y orgullo, sin pensar en los demás.

El **consumismo** es el acto desenfrenado y desmedido de comprar con el fin de llenar un vacío emocional o espiritual. Comprar cosas con un valor específico pero que el día de mañana no tendrán valor alguno. En la práctica, la diferencia entre consumo y consumismo es casi imperceptible debido a que el significado de necesidad básica ha cambiado mucho. Ya no compramos sólo aquello que necesitamos, ahora existen otras necesidades "básicas" en las que el factor moda y oferta juegan un papel muy importante. Sin duda, el consumismo es el gran triunfo del **materialismo** sobre las personas. ¡Siempre queremos más y más!

El materialismo no da lugar a Dios, rechaza la existencia de una necesidad espiritual y busca esencialmente el placer, el poder y la ganancia económica. Personas por los bienes que posean. Un ejemplo de esta actitud en la que Dios queda relegado a un segundo plano es la historia del joven rico (Marcos 10:17-31). Cuando Jesús le pidió a este hombre que vendiera todo lo que tenía y lo diera a los pobres, el joven se entristeció mucho porque su confianza estaba depositada en los bienes que poseía. Entonces, su apreciación fue que si se deshacía de sus bienes, ya no valdría nada.

**Pasajes de estudio:** Marcos 10:17-31, Lucas 12:13-21, Filipenses 4:1-13.

**Versículo para memorizar:** "No lo digo porque tenga escasez, pues he aprendido a contentarme, cualquiera que sea mi situación" Filipenses 4:11.

**Principio bíblico:** El contentamiento es la clave para tener una vida satisfecha.

**Propósito:** Que el joven comprenda que las posesiones materiales no producen la satisfacción duradera, la única manera de tener una vida satisfecha es reconocer que todo proviene de Dios.

En este punto es importante comprender que, aún cuando el cristianismo no niega la materialidad, sí considera que las cosas materiales solamente son parte de todo lo bueno que Dios creó, las ve como un regalo de Dios para las personas. Dios está interesado en la persona de una manera integral: social, material, emocional y espiritual. El cristiano concibe los bienes materiales como un instrumento para satisfacer sus necesidades y no como un fin en sí mismos. Para el cristiano su único fin es Dios mismo; vive por Él y para Él.

## 2. UNA OLA QUE NOS ALCANZA A TODOS

Una vez que hemos clarificado algunos términos y comprendido que tanto el materialismo como el consumismo son pecado, podemos responder a una pregunta doble: ¿Qué tipo de personas llegan a ser parte de esta ola creciente de consumismo y cómo son atraídas?

El fenómeno consumista no está tan ligado al nivel socioeconómico; puede afectar a ricos y a pobres, pero afecta principalmente a los adolescentes que son especialmente vulnerables por la presión de los amigos y los medios de comunicación. En ocasiones se trata de personas que poseen grandes riquezas, pero muchas veces se trata de individuos cuyos ingresos son menores a su nivel de consumo. Es entonces cuando surge el endeudamiento, otro problema característico de nuestra sociedad moderna.

A continuación se enmarcan en tres categorías algunas de las principales causas que motivan al consumismo.

**A. La publicidad ("De la vista nace el amor").** Es sin duda la primera causa que nos induce a gastar más de lo que podemos. Vivimos en una sociedad en donde los medios de comunicación tienen una gran influencia en nuestras vidas. Pasamos gran parte del tiempo ante el televisor, leyendo periódicos o revistas, escuchando la radio o navegando en la internet, todos estos medios, a través de la persuasión, nos presentan modelos que nos invitan a comprar cosas que muchas veces ni siquiera necesitamos.

Pero la publicidad no sólo está dirigida a lo que nuestros ojos ven, sino que también a nuestra mente. Suponiendo que va caminando en un centro comercial, ve una tienda para acampar con capacidad para 20 personas, sobre ella un gran rótulo que dice: "¡Oferta especial, sólo por el día de hoy!". Usted, nunca ha acampado ni le ha interesado en lo más mínimo, pero piensa que tal vez no lo había hecho antes porque no existía la "motivación" adecuada. Empieza a racionalizar y convencerse de que este puede ser el inicio de un gran pasatiempo. Sin embargo, debe estar consciente de que... ¡no lo necesita!

**B. Mantener una imagen "aceptable" ante la sociedad.** Otra manera en la que la sociedad nos invita a consumir en exceso es para mantener o alcanzar un status, o dar la apariencia de que tenemos un status determinado.

Debemos tener en cuenta que los adolescentes y jóvenes están en búsqueda de una identidad, en esa búsqueda tienden a compararse con los amigos o con personajes creados por los medios de comunicación. Necesitan la confirmación de alguien más para sentirse bien. Es necesario estar conscientes de que para el joven el concepto de "necesidad básica" está determinado por lo que el "grupo" dice. Para la mayoría de los jóvenes el valor de un zapato está en la moda (lo que los demás usan). El precio y la duración carecen de importancia, ya que muchos descansan en el hecho de que sus restantes necesidades básicas, como el alimento y la vivienda, están a cargo de sus padres.

**C. Una tercera razón es la gran facilidad para comprar.** En este punto nos referimos a las ventas por televisión, por internet y a las ventas en abonos, por citar sólo algunas. El uso de la tarjeta de crédito da la sensación de comprar sin gastar, o en el caso de los abonos, al ser pagos "pequeños" da la sensación de que la compra es barata. Tanto el crédito como el pago en abonos calman esa ansiedad que hay en el ser humano de querer todo inmediatamente. Sin embargo, la pregunta es, ¿realmente es necesario y podemos pagarlo?

## 3. ALGUNOS CONSEJOS PARA SER UN BUEN CONSUMIDOR

Consumir mucho, tener más, deslumbrar a los que nos rodean, estar siempre a la moda, no tienen por qué implicar necesariamente encontrarse mejor o ser más feliz; al contrario, se puede convertir en un hábito peligroso. Es importante comprender que lo verdaderamente importante en la vida no es el tener, sino el ser. El apóstol Pablo lo expresó de la siguiente manera, "por nada estéis afanosos, sino sean conocidas vuestras peticiones delante de Dios con acción de gracias" (Filipenses 4:6).

Mucha gente hace grandes sacrificios para obtener un status, para sentirse mejor, para que las demás personas los valoren. Este no es el concepto bíblico. No es lo que Dios quiere. Valemos por el amor de Dios hacia nosotros (somos su creación) y además, por la obra de Cristo en la cruz (somos sus hijos). Si partimos de esta premisa, nos será más fácil reconocer que todo lo que somos y tenemos proviene de Dios. Es por esa razón que debemos hacer un buen uso de todo lo que Él como dueño nos ha dado.

El contentamiento es la clave para ser un buen administrador y consumidor Filipenses 4:11-13. Pero como toda virtud, el estar contentos también se aprende. El contentamiento no excluye la motivación de querer mejorar nuestra condición de vida, trabajando honesta y responsablemente; sino que incluye la gratitud a Dios por todas las cosas que nos da. Aún cuando no sea lo que la sociedad nos quiera vender.

Y para estar contentos, también es necesario aprender a "**comprar con gozo**". Si ahorramos para comprar un automóvil y lo compramos, entonces tendremos un buen recuerdo de él. Pero si para comprarlo, adquirimos compromisos de deuda que son difíciles de cumplir, entonces sólo vamos a tener la carga de tener que pagar estos préstamos.

Las siguientes preguntas pueden ayudarnos a tomar una decisión correcta al momento de realizar una compra: ¿Es necesario esto que voy a comprar? ¿Puedo pagarlo sin que esto implique contraer deudas? En el caso de que implique una deuda, ¿tengo la solvencia para hacer los pagos en el plazo pactado? ¿Lo compro para sentirme más importante ante los demás (autoestima)? ¿Puedo compartirlo con alguien más?

Otro consejo importante es esforzarnos en llevar **un estilo de vida sencillo**, que no esté determinado por la comparación con los demás. Sin embargo, lo que sí debemos hacer es considerar el estilo de vida de los demás para procurar no lastimarles con nuestros hábitos de consumo. Tengamos presente que si Dios nos permite tener algo es porque desea lo mejor para nosotros, pero también nos lo da para **compartir con los demás**. Siempre será mejor dar que recibir.

# RESUMEN

Para concluir, respondamos a la siguiente pregunta: ¿Qué es lo que quiero ser? Si queremos ser lo que la sociedad nos pide que seamos, entonces seguramente que haremos todo lo posible por alcanzar los modelos que los medios de comunicación nos presentan, no importando la manera de conseguirlo. En cambio, si lo que queremos es ser lo que Dios demanda de nosotros, fieles mayordomos, entonces nos ocuparemos en invertir en los valores eternos y no simplemente en lo pasajero, porque "donde está nuestro tesoro, allí estará también nuestro corazón".

Vivimos en una sociedad materialista, no podemos evitarlo. No obstante, la Palabra de Dios nos dice que aún cuando estamos en el mundo, no somos del mundo (Juan 17:15-16). Y mientras la mayoría de la gente tiene su corazón en las cosas materiales, que al final de cuentas perecerán. Nosotros, los cristianos, hemos depositado nuestro corazón en Cristo, la roca eterna e incorruptible. Reconocemos por lo tanto, que la fuente de nuestra satisfacción y contentamiento es Jesucristo.

## RECURSOS COMPLEMENTARIOS

**Materiales didácticos:**
1. Pizarra u hojas para rotafolio
2. Marcadores o tiza (gis)
3. Biblias
4. Fotocopias de las hojas de actividades
5. Hojas en blanco
6. Lápices o bolígrafos
7. Billetes recortados de diversas denominaciones (puede econtrarlos en la hoja de actividades "Billetes de utilería")

**Definición de términos:**
**Satisfacción.** Estado del deber cumplido, complacencia o contentamiento.
**Conformismo.** Que está de acuerdo con lo oficialmente establecido o que se conforma por rutina u oportunismo a las tradiciones y a las costumbres.
**Contentamiento.** Acción y efecto de contentar. Satisfacer, complacer.

### Dinámica: "El negocio de los frijoles"

Inicie entregando algunos frijoles sin cocer a cada adolescente. No entregue la misma cantidad a todos, a algunos déles más, haciéndolo evidente. Una vez que todos tienen sus frijoles, dé las siguientes instrucciones: Jugaremos a "El Negocio de los Frijoles". Puestos de pie irán con otra persona a negociar con sus frijoles, tomando algunos en su mano derecha y cerrándola bien, para que la otra persona no vea cuántos frijoles tienen. Al llegar con la persona, pregúntenle, ¿pares o impares? La otra persona deberá decir alguna de las dos opciones, si adivina, entonces la persona que preguntó perderá sus frijoles; de lo contrario, los conservará. Ganará aquella persona que al finalizar la dinámica tenga más frijoles.

### Dinámica: "La subasta"

Entregeles a los jóvenes algunos billetes de utilería. Sea cuidadoso de dar cantidades diferentes de dinero. Este dinero les servirá para participar en una subasta. Usted dirigirá esta subasta. Instrucciones: El subastador iniciará la negociación tomando una foto, un recorte de una revista o un dibujo que ilustre el artículo a subastar, dirá: "¿Quién ofrece algo por (descripción del artículo)?" Cuando algún joven ofrezca dinero, se tomará como el precio inicial, entonces usted deberá decir, "¿Hay alguien que ofrece más por (descripción del artículo)? ¿Alguien ofrece más a la una? ¿Alguien ofrece más a las dos? ¿Alguien ofrece más a las tres?" Si en el transcurso de estas preguntas no hay alguna oferta mayor, entonces dirá "¡Vendido por (la cantidad que haya ofrecido el joven)!" De haber alguna oferta que interrumpa al subastador, mientras hace las preguntas, se considerará esta oferta como la cantidad a vencer y se harán nuevamente las cuatro preguntas anteriores.

Entregue la foto, el recorte de revista o el dibujo al joven que ganó la subasta del artículo, recójale el dinero que ofreció.
Los artículos a subastar son los siguientes:

1. Tenis de marca "Nike", usados por Michael Jordan
2. Un set de cosméticos de tu artista favorita.
3. Un automóvil "Ferrari" último modelo.
4. Un Biblia de Estudio
5. Un balón de fútbol, del mismo modelo que será usado en el mundial.
6. Un par de aretes de oro con una incrustación de diamantes.
7. Un libro de la novela "20,000 leguas de viajes submarinos".
8. Una computadora portátil con la tecnología más avanzada del mercado.
9. Un viaje a una isla del Caribe, por cuatro días con todos los servicios incluidos.
10. Un teléfono celular con dispositivo para tomar fotos y grabar imágenes en vídeo.

### Ilustración:
### Zapatos para mí

«Es viernes y hay alegría porque tu papá recibió un pago extra en su trabajo. Con toda tu familia vas a un centro comercial. Recorres pasillos y ves muchachas y muchachos como tú, luciendo zapatos y ropa costosa. Entonces, como por arte de magia, la alegría empieza a desaparecer de tu rostro. Ahora caminas con inseguridad, piensas en que tal vez te están mirando y te das cuenta de que los zapatos que te compraron hace apenas tres semanas, han "pasado de moda". Pero hoy le pagaron a tu papá, ¡es tu día de suerte! Volteas hacia ellos y les dices que "necesitas" un par de zapatos. Pero, tienes varios pares en muy buen estado, tus padres te lo recuerdan, pero sigues insistiendo en que te los compren. Ahora le dices que los necesitas porque en la escuela vas a participar en una ceremonia especial. Ellos se miran a los ojos y después de un momento, asientan con su cabeza.

La decisión ha sido tomada; entran a una zapatería. Los precios son muy altos, pero tú piensas que lo mereces. Ves muchos modelos y le pides a la vendedora que te muestre algunos. Se sientan y esperan a que traigan los zapatos para probártelos. Es en ese preciso momento, que tu mamá se sienta junto a ti, que te das cuenta de que ella trae sus zapatos nuevos. De hecho, la acompañaste cuando los compró, hace ya casi... ¡tres años! Intentas recordar qué otros zapatos tiene, sólo recuerdas un par más: los "viejos", que son los que usa para hacer las labores del hogar y que ya tienen más de una reparación.

¿Te das cuenta? Tu mamá ha preferido que seas tú quien se compre zapatos nuevos, en cambio tú, sólo has pensado en ti y tu imagen ante los demás».

### Abriendo la Palabra

Inicie la sesión con la dinámica "El negocio de los frijoles" que puede encontrar en la sección de recursos complementarios de esta lección. Una vez que terminó la dinámica, haga las siguientes preguntas y comenten: ¿Cómo se sintieron de participar en este juego?, ¿Cuál fue tu estrategia para ganar? (Desde luego, esta pregunta está dirigida al ganador), ¿Creen que fue injusto que algunos recibieran más frijoles para negociar?, ¿Se habían dado cuenta de que prácticamente todos los días hacemos negocios?

Después de que los adolescentes compartan sus respuestas, exponga la introducción de la lección.

Ahora lean el pasaje bíblico (Filipenses 4:1-11). Una vez que leyeron el pasaje, exponga los puntos "2" y "3", "Una ola que nos alcanza a todos" y "Consejos para ser un buen consumidor".

### Aplicando la Palabra

Entregue la hoja de actividades "Todos contentos" y después de esto comparta el resumen de la lección.

Ahora memoricen el pasaje que se encuentra en Filipenses 4:11. Enfatice la importancia de aprender a contentarse con lo que se posee. Pida a cada adolescente que mencione una razón por la que está contento. Por ejemplo: "Yo estoy contento porque puedo estudiar". Cuando los adolescentes aprenden a valorar lo que tienen y reconocen que es gracias a Dios, habrán dado un gran paso para lograr el contentamiento.

Finalice con una oración dando gracias a Dios por todo lo que Dios les ha dado y a que les ayude a mantener una actitud de satisfacción por lo que tienen y son en la vida.

### Profundizando en la Palabra

Entregue la hoja de actividades, "Mi actitud hacia el consumo". Utilice esta hoja para ilustrar el punto "1", "Consumo vrs. Consumismo".

Para hacer más claro el punto anterior invite a los adolescentes a echar a volar su imaginación. La situación que imaginarán es la siguiente:

"Entran al supermercado para comprar algunas cosas que les encargó su mamá, algunas de ellas son alimentos básicos como leche, azúcar, pan, etc. Además, deben comprar un material escolar que les pidieron para llevar mañana a la escuela. Pero, al salir del supermercado se dan cuenta de que su compra fue muy diferente a lo planeado. Compraron el nuevo disco compacto de su artista favorito, un nuevo juego de video, un par de zapatos deportivos de marca famosa, etc."
• ¿Cómo le explicarían esto a su mamá?
• Mencionen al menos tres razones con las que piensan justificarse.

Una de las características del consumismo es la falta de una razón lógica o justificada de compra. Esto significa que es un vicio, que si no se detiene traerá consecuencias graves.

**Nota:** Las grandes tiendas de supermercados tienen distribuida su mercancía de tal manera que los artículos de primera necesidad, como los alimentos y artículos de limpieza, están "escondidos" hasta el final de las instalaciones. Por el contrario, las ofertas de discos, juguetes, ropa, etc., siempre están al inicio, para que sean lo primero que vea el consumidor.

## Respuesta: Hoja de Actividades
### Todos contentos

| R | E | R | U | G | M | S | T | M | U | S | N | O | C | T |
|---|---|---|---|---|---|---|---|---|---|---|---|---|---|---|
| F | C | G | D | G | I | L | O | T | U | F | E | R | T | S |
| G | O | A | G | A | J | L | Ñ | Z | X | G | U | E | R | I |
| T | N | N | F | E | R | T | I | L | I | Z | N | A | C | T |
| W | F | A | G | J | L | Ñ | O | L | E | O | I | K | R | U |
| C | O | N | T | E | N | T | A | M | I | E | N | T | O | A |
| I | R | C | V | J | Y | Ñ | P | C | X | E | Z | N | Q | C |
| E | M | I | G | I | L | O | C | A | A | S | W | R | H | I |
| N | I | A | E | I | L | A | F | D | P | O | E | T | R | O |
| T | S | A | U | J | F | T | G | O | Ñ | D | W | E | A | N |
| U | M | X | V | S | M | I | L | R | N | E | R | K | R | L |
| L | O | R | J | E | R | T | Y | E | A | D | T | M | P | J |
| I | G | T | A | E | R | U | R | N | Z | C | J | N | M | G |
| O | A | D | F | H | J | P | E | I | I | R | Y | U | O | D |
| S | A | F | G | K | A | T | H | D | A | B | O | I | C | E |

"No lo digo porque tenga escasez, pues he aprendido a contentarme, cualquiera que sea mi situación" Filipenses 4:11.

# La lección para...

## Abriendo la Palabra

Inicie la sesión con la dinámica "La subasta", que puede encontrar en la sección de recursos complementarios de esta lección. Una vez que terminó la dinámica, haga las siguientes preguntas:

• Cómo se sintieron de participar en esta subasta?
• ¿Qué fue lo que los hizo decidirse por comprar determinado artículo?
• ¿Creen que fue injusto que algunos tenían más dinero para comprar?
• ¿Cuáles son las razones que normalmente usan para comprar ropa, juguetes, dulces, discos, comida, etc.?

Después de que los jóvenes compartan sus respuestas, exponga la introducción de la lección.

## Profundizando en la Palabra

Entregue la hoja de actividades, "Mi actitud hacia el consumo". Utilice esta hoja para exponer e ilustrar el punto "1", "Consumo vrs. Consumismo".

Una vez que compartió el punto anterior, presente la siguiente situación a los jóvenes:
*"Fuiste nombrado Gerente General de un Supermercado. El día de mañana, el supermercado deberá ser inaugurado y tu responsabilidad es determinar cómo serán exhibidas todas las mercancías".*
Los artículos a vender son los siguientes:
1. Alimentos
2. Ropa para dama
3. Ropa para caballero
4. Electrodomésticos
5. Dulces
6. Juguetes
7. Discos de música
8. Artículos para limpieza
9. Accesorios para vehículos
10. Papelería y útiles de oficina
11. Cosméticos
La pregunta es: ¿cuál sería la distribución que harías en el local de la tienda?

**Nota:** Las grandes tiendas tienen distribuida su mercancía de tal manera que los artículos de primera necesidad, como los alimentos y artículos de limpieza, están "escondidos" hasta el final de las instalaciones. Por el contrario, las ofertas de discos, juguetes, ropa, etc., siempre están al inicio, para que sean lo primero que vea el consumidor.

Ahora lean el pasaje bíblico Filipenses 4:1-11. Una vez que leyeron el pasaje, exponga los puntos "2" y "3", "Una ola que nos alcanza a todos" y "Consejos para ser un buen consumidor".

## Aplicando la Palabra

Ahora memoricen el pasaje que se encuentra en Filipenses 4:11. Ayude a los jóvenes a aprender a contentarse con lo que poseen. Enseguida comparta el resumen de la lección.

Utilice la ilustración, "Zapatos para mí", que puede encontrar en la sección de recursos complemetarios de esta lección. Lleve a los jóvenes a reflexionar en que muchas veces centramos nuestra atención en nosotros mismos. Queremos satisfacer las necesidades que han sido creadas por los amigos y/o los medios de comunicación y no nos damos cuenta de que quizá nuestros seres queridos, con tal de satisfacer nuestra "necesidad" se privan de comprarse algo que realmente es necesario para ellos.

Pídales que mencionen una prenda de vestir, un juguete, un libro o algún otro objeto que estarían dispuestos a regalar a alguien que realmente lo necesita. Por ejemplo: "Tengo un suéter que prácticamente está nuevo y puedo dárselo a mi amigo "Raúl" quien realmente lo necesita".

Cuando los jóvenes aprenden a valorar lo que tienen y reconocen que es gracias a Dios, habrán dado un gran paso para lograr el contentamiento y a ayudar a otros a que estén contentos.

Finalice con una oración dando gracias a Dios por todo lo que Dios les ha dado y a que les ayude a mantener una actitud de satisfacción por lo que tienen y son en la vida.

"NO LO DIGO PORQUE TENGA ESCASEZ, PUES HE APRENDIDO A CONTENTARME, CUALQUIERA QUE SEA MI SITUACIÓN"
FILIPENSES 4:11.

# La lección para...

### Abriendo la Palabra

Inicie la sesión preguntando, ¿cuándo fue la primera y la última vez que hicieron una compra? Déles cinco minutos para que recuerden y escriban brevemente, en un papel, sus dos experiencias.

Pida que compartan sus respuestas, y posteriormente, pregunte: ¿Cómo definen la palabra compra? Después de que los jóvenes compartieron sus respuestas, exponga la introducción de la lección.

### Profundizando en la Palabra

Divida a los jóvenes en parejas, entregue una hoja en blanco y pida que respondan a las siguientes preguntas:
- ¿Cuál es la diferencia entre compra y consumo?
- ¿Cuál es la diferencia entre consumo y consumismo?
- ¿Cuál es la diferencia entre consumo y materialismo?
- ¿Cuál es la diferencia entre satisfacción y conformismo?
- ¿Cuál es la diferencia entre satisfacción y contentamiento?

Después de dar un tiempo para responder a las preguntas, compartan las respuestas. Utilizando como referencia las respuestas, usted podrá compartir el punto "1", "Consumo vrs. Consumismo".

Ahora, entregue la hoja de actividades, "Mi actitud hacia el consumo". Utilice esta hoja para ilustrar los puntos "2" y "3", "Una ola que nos alcanza a todos" y "Algunos consejos para ser un buen consumidor".

### Aplicando la Palabra

Este es el tiempo en el que deben memorizar el pasaje que se encuentra en Filipenses 4:11. Ayude a los jóvenes a comprender lo que significa contentarse. Recuerde que satisfacción y contentamiento van ligadas, en cambio, conformismo es una actitud de negligencia, la cual reprueba la Palabra de Dios.

Utilice la ilustración, "Zapatos para mí". Lleve a los jóvenes a reflexionar en que muchas veces centramos nuestra atención en nosotros mismos. Queremos satisfacer las necesidades que han sido creadas por los amigos o los medios de comunicación y no nos damos cuenta de que quizá nuestros seres queridos se han privado de algunas cosas realmente necesarias, con tal de proveernos de estudio, ropa, alimento, vivienda, etc.

Pida a cada joven que exprese una manera en que puede mostrar su contentamiento y en la cual sus padres se vean beneficiados. Cuando los jóvenes aprenden a valorar lo que tienen y reconocen que es gracias a Dios, habrán dado un gran paso para lograr el contentamiento y a ayudar a otros a que estén contentos.

Finalice con una oración dando gracias a Dios por todo lo que Dios les ha dado y a que les ayude a mantener una actitud de satisfacción por lo que tienen y son en la vida.

"NO LO DIGO PORQUE TENGA ESCASEZ, PUES HE APRENDIDO A CONTENTARME, CUALQUIERA QUE SEA MI SITUACIÓN"

FILIPENSES 4:11.

# HOJA DE ACTIVIDADES

## Mi actitud hacia el consumo

Asigna un valor de 0 a 5 cada una de las siguientes frases, según consideres más apropiado. "5" significa que coincides completamente con la declaración, "0" significa que no estás de acuerdo.

*'No lo digo porque tenga escasez, pues he aprendido a contentarme, cualquiera que sea mi situación'*
*Filipenses 4:11.*

1. Tener pocas cosas significa estar condenado al conformismo. _____

2. Gastar, mientras más, mejor. _____

3. Hay que tener siempre lo que tienen los amigos. _____

4. Desear tener siempre más es una virtud. _____

5. Lo importante en la vida es tener y disfrutar al máximo. _____

6. Prefiero la ropa cara de marca que las imitaciones. _____

7. Es normal que todo el mundo se interese sólo en sí mismo, no creo que esto sea egoísmo. _____

8. Lo caro siempre es mejor que lo barato. _____

9. Me siento bien al estrenar lo que anuncian en la TV. _____

10. El dinero debe gastarse pronto y en lo que se me antoje _____

11. Prefiero endeudarme a no tener las cosas. _____

12. A fin de mes, si me queda dinero prefiero gastarlo que ahorrarlo. _____

13. Me preocupa lo que digan mis amigos, acerca de lo que tengo, visto, compro, etc. _____

14. Me incomoda que los demás tengan más que yo. _____

**TOTAL..........** _____

Si tu actitud es positiva hacia el consumismo, debes tomar medidas para huir de él, de no ser así, te ocasionará serios problemas. Si tu actitud es negativa hacia el consumismo y la moda, si mantienes este comportamiento liberarás energías que utilizarás sin duda en obtener otras satisfacciones más plenas y duraderas.

Tabla de evaluación:
Entre 60 - 70 : Actitud positiva hacia el consumismo
Entre 31 - 59 : Actitud no definida hacia el consumismo
Entre 15 - 30 : Actitud negativa hacia el consumismo

# HOJA DE ACTIVIDADES

# Todos contentos

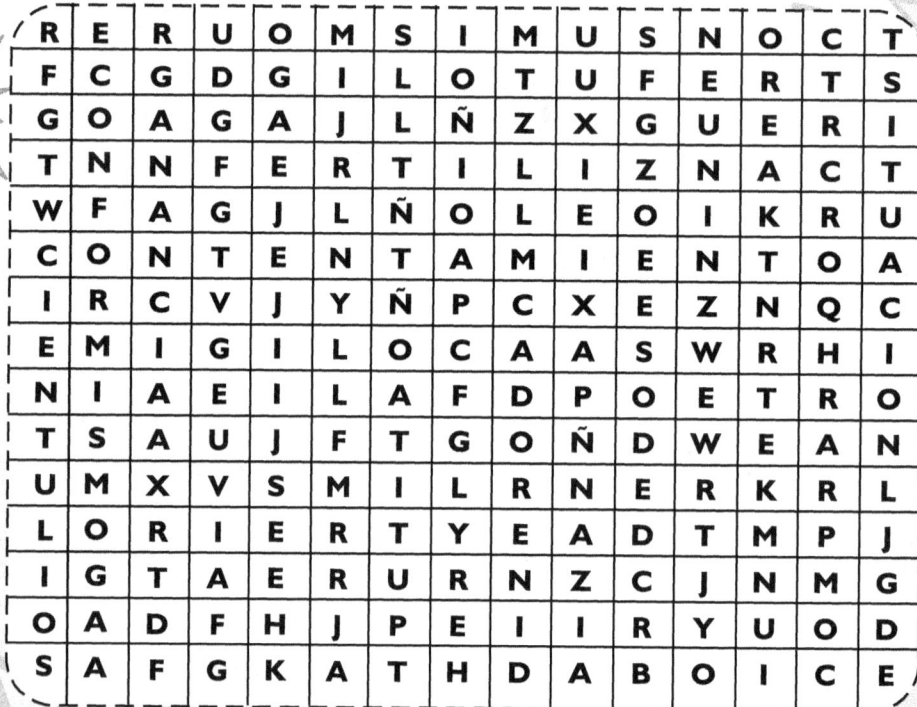

| R | E | R | U | O | M | S | I | M | U | S | N | O | C | T |
|---|---|---|---|---|---|---|---|---|---|---|---|---|---|---|
| F | C | G | D | G | I | L | O | T | U | F | E | R | T | S |
| G | O | A | G | A | J | L | Ñ | Z | X | G | U | E | R | I |
| T | N | N | F | E | R | T | I | L | I | Z | N | A | C | T |
| W | F | A | G | J | L | Ñ | O | L | E | O | I | K | R | U |
| C | O | N | T | E | N | T | A | M | I | E | N | T | O | A |
| I | R | C | V | J | Y | Ñ | P | C | X | E | Z | N | Q | C |
| E | M | I | G | I | L | O | C | A | A | S | W | R | H | I |
| N | I | A | E | I | L | A | F | D | P | O | E | T | R | O |
| T | S | A | U | J | F | T | G | O | Ñ | D | W | E | A | N |
| U | M | X | V | S | M | I | L | R | N | E | R | K | R | L |
| L | O | R | I | E | R | T | Y | E | A | D | T | M | P | J |
| I | G | T | A | E | R | U | R | N | Z | C | J | N | M | G |
| O | A | D | F | H | J | P | E | I | I | R | Y | U | O | D |
| S | A | F | G | K | A | T | H | D | A | B | O | I | C | E |

## Encuentra las siguientes palabras en la sopa de letras:

1. SATISFACCIÓN
2. APRENDER
3. COMPRAR
4. SITUACIÓN
5. DINERO
6. CONTENTAMIENTO
7. CONSUMISMO
8. GANANCIA
9. DAR
10. CONFORMISMO

*"No lo digo porque tenga escasez, pues he aprendido a contentarme, cualquiera que sea mi situación"*

*Filipenses 4:11.*

# HOJA DE ACTIVIDADES

## BILLETES DE UTILERÍA

$ 500.00

$ 200.00

$ 100.00

# 09

# La Trinidad

David González

## DESARROLLO DE LA LECCIÓN

### INTRODUCCIÓN

¿Alguna vez le han dicho que es un idólatra? Por favor, no malinterprete la pregunta. Me refiero al hecho de que algunos grupos religiosos dicen que los cristianos creemos en tres dioses: Dios Padre, Dios Hijo y Dios Espíritu Santo. Si esto fuera verdad, entonces seríamos politeístas.

Categóricamente debemos decir que no somos idólatras o politeístas, creemos en un solo Dios. Un Dios en tres personas.

Una doctrina fundamental, referente a la fe de todos los cristianos del mundo, es que creemos y confesamos que, al igual que el Padre, Jesucristo el Hijo es Dios y que el Espíritu Santo también es Dios. Esta doctrina es llamada la Trinidad.

Sin lugar a dudas, esta es una de las doctrinas más difíciles de explicar; pero esto no significa que no tengamos fundamentos sólidos para acercarnos al conocimiento de ella. Es más, todo cristiano tiene la responsabilidad de acercarse con humildad ante esta gran verdad.

### DEFINIENDO TÉRMINOS

Para iniciar el estudio es importante reconocer que la palabra "Trinidad" no aparece literalmente en la Biblia. Este término fue creado en el año 325 d.C. por un grupo de líderes de la iglesia cristiana en el Concilio de Nicea. Estos miembros de las iglesias estuvieron preocupados por aquellos que falseaban la relación propia entre Dios, Jesús y el Espíritu Santo. Así que, decidieron hacer una declaración de fe, respecto a la Divina Trinidad.

Aún cuando fue hasta el siglo IV que se hizo la declaración formal de la doctrina de la Trinidad, esta ha sido una doctrina distintiva de la fe cristiana desde la predicación de los apóstoles y la conversión de los primeros cristianos. Esta doctrina hace tres afirmaciones: 1) que solamente hay un Dios; 2) que cada una de las tres personas, Padre, Hijo y Espíritu, es Dios y que tanto el Padre, el Hijo y el Espíritu son personas claramente diferenciadas.

La doctrina de la Trinidad que sostiene que hay tres personas en una sola deidad está considerada como una de las verdades más sagradas de la iglesia cristiana. No es una simple suposición o una teoría elaborada en un simple plano intelectual, sino que de ella depende nuestra salvación eterna. ¿Se da cuenta de la seriedad del asunto?

Quizá usted se pregunte, pero, ¿por qué debo conocer la doctrina de la Trinidad? Sencillamente porque su fe descansa en un Dios Trino: "Dios el Padre mandó a su Hijo al mundo para que nos diera salvación; y Dios Espíritu Santo aplica la obra redentora a nuestras almas. La Trinidad, por tanto, está involucrada vitalmente en la obra de la salvación. En nuestra salvación y vida eterna". Viéndolo de esta manera, es para nosotros una verdad tan práctica y real que no podemos hacerla a un lado.

Ahora bien, en el término Trinidad debemos distinguir dos elementos: Unidad y tres personas.

Pasaje de estudio: 1 Juan 5:6-12.

Versículo para memorizar: "Porque tres son los que dan testimonio en el cielo: el Padre, el Verbo y el Espíritu Santo; y estos tres son uno" 1 Juan 5:7.

Principio bíblico: Creemos en un Dios trino, no como una teoría, sino como una realidad eterna.

Propósito: Que el joven conozcan que hay un Dios trino, y experimenten una relación personal con Él.

A. **La Unidad:** El Diccionario Larousse lo define como la cualidad de lo que es uno, opuesto a la pluralidad.

Cuando declaramos que creemos en un solo Dios, estamos hablando de unidad. Este término se aplica a la substancia o esencia de Dios; es decir, Dios es uno. No hay tres dioses en una persona, sino tres personas en un solo Dios. Solo hay un Dios verdadero, el Creador del universo, todos los demás son falsos (Isaías 46:9).

El término unidad se aplica a la substancia y el término trinidad a las personas, o a la distinción dentro de aquella substancia, poder y eternidad. La fórmula es: "Una substancia, tres personas".

Es difícil comprender por completo que existan tres personas en un solo ser. Pero esto no significa que no sea posible. Al acercarnos al estudio y conocimiento de nuestro Dios Trino, es importante comprender que no podemos estar por encima de Él como para analizarlo en un laboratorio. Su naturaleza y atributos van más allá de nuestras capacidades de análisis y comprensión.

Hay algunas figuras que nos ayudan a comprender parcialmente el término Trinidad. Por ejemplo: El agua, su naturaleza tiene una composición de dos moléculas de hidrógeno y una de oxígeno, es incolora, inodora e insabora. Y aún cuando la podamos encontrar en sus tres estados básicos: sólido (hielo), líquido (agua corriente) y gaseoso (vapor de agua), su naturaleza no cambia. Por supuesto, esto no es una comparación exacta de lo que es nuestro Dios Trino pero nos ayuda a comprenderlo.

**B. Tres Personas:** El término "persona" tal como se usa aquí, debe distinguirse cuidadosamente del uso moderno de la palabra persona tal como lo aplicamos nosotros.

Al escuchar la palabra "persona", lo primero que nos viene a la mente es un individuo físicamente visible. Sin embargo, el aspecto físico no es lo que hace a una persona, ya que puede existir un cuerpo sin movimiento ni sensaciones, al carecer de esto, automáticamente se descarta como persona. Por eso, cuando hablamos de Dios, no lo consideramos desde la perspectiva meramente física, ya que Él es espíritu. Al eliminar el aspecto físico, en el análisis de lo que es una persona, estamos quitando mucho de lo que concebimos al respecto.

Entonces, ¿qué es una persona? Quizá nos ayude más pensar en una persona como un ser capaz de hacer uso de su voluntad, que siente y piensa por sí mismo. Estas características aplican muy bien a las tres personas de la Trinidad. Pero cuidado, no debemos limitar a Dios a estas características. Dios es un ser infinito y no tiene limites, de allí que es fácil confundir el uso de una palabra en diferentes sentidos o significados y necesitamos cuidarnos de conservar una definición propia de estos dos términos.

No obstante, la definición anterior nos ayuda a comprender lo que Wakefield, comentarista de la Biblia, dice acerca de la Trinidad: "las personas no son separadas, sino distintas, que están de tal manera unidas que son un solo Dios. En otras palabras, que la naturaleza divina existe bajo la distinción personal de Padre, Hijo, y Espíritu Santo, que estas tres tienen igualmente y en común la una con la otra, la naturaleza y perfecciones de la divinidad suprema". (Wakefield, Christian Theology, Teología Cristiana). (Véase también W. N. Clarke, Outline of Christian Theology, Bosquejo de Teología Cristiana)

## 2 LA REVELACIÓN DE LA TRINIDAD

Los primeros cristianos se encontraron con el dilema; ¿podemos adorar a Jesucristo sin caer en idolatría? Su respuesta fue un contundente sí, porque Cristo es Dios. Para la iglesia primitiva quedó claro que Jesús era Dios mismo revelándose a la humanidad. Él los había salvado

y por medio de Él había venido el don del Espíritu Santo.

La conclusión anterior no fue producto de un mero razonamiento filosófico. La iglesia en el período primitivo tenía evidencias de testigos que compartieron del ministerio y resurrección de Cristo, pero también poseía escritos inspirados que le permitieron sostener la declaración de la divinidad de Cristo.

Para confirmar lo anterior podemos dar un vistazo a algunos pasajes bíblicos que nos exponen cómo se ha revelado (dado a conocer) Dios al hombre desde la misma creación del mundo.

**Las siguientes citas nos muestran atributos que se les dan tanto a Dios (el Padre) como a Jesucristo (el Hijo):**
1. Nuestro Dios es Creador de todo lo que existe (Génesis 1:26).
2. La unidad es característica de la Trinidad (Deuteronomio 6:4).
3. La eternidad es otra característica (Isaías 44:6 y Apocalipsis 1:17).
4. Nuestro Dios nunca cambia (Inmutabilidad) (Malaquías 3:6 y Hebreos 13:8).
5. El Dios Trino es Todopoderoso (Génesis 17:1 y Apocalipsis 1:8).
6. La Santidad es intrínseca a la Trinidad (Isaías 43:3 y Hechos 3:14).
7. La verdad es también parte de su naturaleza (Deuteronomio 32:4, Juan 14:6 y Hebreos 4:15).

**Las siguientes citas hacen referencia al Espíritu Santo como parte de la Trinidad:**
1. Dios envía a su Espíritu (Salmo 104:30; Juan 16:7, Gálatas 4:6; )
2. Dios habla a través de su Espíritu (Mateo 10:20).
3. Dios derrama su Espíritu (Joel 2:28; Tito 3:3-6).
4. El Espíritu de Dios mora en nosotros (Juan 14:15-17).
5. El Espíritu envía al creyente (Isaías 48:16).

RESUMEN

Debemos estar conscientes de que no podemos entender en su totalidad la naturaleza de la Trinidad. Es uno de los misterios sublimes y gloriosos que la mente del hombre jamás podrá explicar. No obstante, sí podemos disfrutar de una relación personal y plena con la Divina Trinidad. Podemos disfrutar el amor de Dios, la salvación que el sacrificio de Jesucristo provee a todo aquel que le recibe como su salvador y el consuelo, la guía y la ayuda que el Espíritu Santo nos da.

El Dios Trino, quiere darse a conocer día con día en nuestras vidas manifestando su gracia, su amor y su poder. El apóstol Juan lo expresó de esta manera: "Y tres son los que dan testimonio en el cielo: el Padre, el Verbo y el Espíritu Santo" (1 Juan5:7).

Después de todo lo escrito, podemos concluir diciendo que: "Creemos en un solo Dios; el Padre, el Hijo y el Espíritu Santo; y juntos, su iglesia, le adoramos y disfrutamos de una relación plena con Él".

**Materiales didácticos:**
1. Pizarra u hojas para rotafolio
2. Marcadores o tiza (gis)
3. Biblias
4. Fotocopias de las hojas de actividades
5. Hojas en blanco
6. Lápices o bolígrafos
7. Plasticina (plastilina) de colores

**Defención de terminos:**

**Arrianismo.** La creencia en un Dios, pero no creen que Jesús o el Espíritu Santo sean divinos.

**Monoteísmo.** La creencia en un solo y verdadero Dios.

**Politeísmo.** La creencia en varios dioses.

**Sabelianismo.** Una creencia Antitrinitaria que enseña que el Padre, el Hijo y el Espíritu no existen al mismo tiempo, sino que cada uno existe en un cierto período de tiempo en la historia (por ejemplo, Dios en el Antiguo Testamento, Jesús en el Nuevo Testamento y el Espíritu Santo en el presente).

**Información complementaria:**

**1- La Trinidad en el Antiguo Testamento**

Ya en las primeras páginas del Antiguo Testamento se nos enseña a atribuir la existencia y la persistencia de todas las cosas a una fuente tripartita. En Génesis 1:26 Dios dijo: "Hagamos al hombre a nuestra imagen, conforme a nuestra semejanza", seguido por la afirmación de su cumplimiento: "Y creó Dios al hombre a su imagen", caso notable de intercambio del plural y el singular, lo cual sugiere pluralidad en la unidad.

En Isaías 63:8-10 vemos que son tres los que hablan, el Dios del pacto con Israel (v. 8), el ángel de la presencia (v. 9) y el Espíritu "enojado" por su rebelión (v. 10). Tanto la actividad creadora de Dios como su gobierno se asocian, posteriormente, con la palabra personificada como "Sabiduría" (Job 28:23-27; Proverbios 8:22 ), como también con el Espíritu como dispensador de todas las bendiciones y fuente de la fuerza física, el valor, la cultura y el gobierno (Éxodo 31:3).

En otros pasajes el ángel de Jehová no sólo lleva el nombre divino, sino que tiene dignidad y poder divinos, dispensa liberación divina, acepta homenaje y adoración propios únicamente de Dios. En resumen, al Mesías se le atribuye deidad aun cuando se lo considera como persona diferenciada de Dios mismo (Isaías 7:14; 9:6).

El Espíritu de Dios recibe prominencia también en relación con la revelación y la redención, se le asigna su función en la dotación del Mesías para su obra (Isaías 11:2; 42:1; 61:1), en la de su pueblo para responder con fe y obediencia (Isaías 32:15; Ezequiel 36:26-27; Joel 2:28). Así, el Dios que se reveló a sí mismo objetivamente por medio del Ángel mensajero se reveló a sí mismo subjetivamente en y por el Espíritu, dispensador de todas las bendiciones y dones en la esfera de la redención. La triple bendición aarónica (Números 6:24) también debe tenerse en cuenta quizá como prototipo de la bendición apostólica neotestamentaria.

**2- La Trinidad en los evangelios**

En el Nuevo Testamento la encontramos particularmente en la encarnación de Dios Hijo y en el derramamiento del Espíritu Santo. Puede decirse, no obstante, que como preparación para el advenimiento de Cristo, el Espíritu Santo se hizo presente en la conciencia de hombres temerosos de Dios en medida desconocida desde el cierre del ministerio profético de Malaquías. Juan el Bautista, más especialmente, tuvo conciencia de la presencia y el llamado del Espíritu, es posible que su predicación tuviese referencia trinitaria. Llamaba al arrepentimiento para con Dios, a la fe en el Mesías venidero, hablaba de un bautismo del Espíritu Santo, del cual su bautismo con agua era símbolo (Mateo 3:11).

Las épocas especiales de revelación trinitaria fueron las siguientes:

*I. La anunciación.* (Lucas 1:35). De esta manera se dio a conocer que el Padre y el Espíritu participarían en la encarnación del Hijo.

*II. El bautismo de Cristo.* Jesús, habiendo recibido así el testimonio del Padre y del Espíritu, recibió autoridad para bautizar con el Espíritu Santo. Juan el Bautista parece haber reconocido muy pronto que el Espíritu Santo vendría del Mesías y no simplemente con él. La tercera Persona era por lo tanto el Espíritu de Dios y el Espíritu de Cristo.

*III. La enseñanza de Jesús.* Las interrelaciones entre Padre, Hijo y Espíritu se hacen resaltar en todas partes ( Juan 14:7, 9-10). Jesús declaró enfáticamente: "Yo rogaré al Padre, y os dará otro Consolador (Abogado), para que esté con vosotros para siempre: el Espíritu de verdad" (Juan 14:16-26). Se hace por lo tanto una distinción entre las tres Personas, también una identificación. El Padre que es Dios envió al Hijo y el Hijo que es Dios envió al Espíritu, que también es Dios.

*IV. La comisión del Señor resucitado.* En la comisión dada por Cristo antes de su ascensión, con instrucciones a los discípulos sobre ir por todo el mundo con su mensaje, hizo referencia concreta al bautismo "en el nombre del Padre, del Hijo y del Espíritu Santo".

# La lección para...

### Abriendo la Palabra

Para iniciar la lección reparta a cada adolescente un pedazo de plasticina (plastilina) y pídales que hagan una figura (escultura) de algunas de las siguientes cuatro opciones: el amor, la tristeza, la alegría y el odio. Déles de cinco a 10 minutos para que trabajen en su "obra de arte" y posteriormente pida que alguno de ellos comparta lo que hizo.

Comente: Ustedes han hecho figuras de sentimientos o ideas que aunque no tienen una forma física ni son visibles, sabemos que existen. Muchas veces es difícil dar una definición de ellos, pero sabemos que estos sentimientos son reales. El tema de esta lección es similar. No podemos tocarlo ni verlo físicamente, además de que es difícil de explicar, pero no por eso podemos negar esta creencia básica para nosotros como cristianos. Hoy hablaremos de la Trinidad.

Pregunte, ¿qué es la Trinidad? Escriba las respuestas en la pizarra y posteriormente exponga la introducción a la lección.

#### Respuestas: Hoja de Actividades
*Descubriendo el misterio*

### Profundizando en la Palabra

Pregunte, ¿por qué debemos conocer la doctrina de la Trinidad? Permita que dos o tres adolescentes compartan sus respuestas y posteriormente lean el pasaje para estudio (1 Juan 5:6-12).

Ahora desarrolle punto "1", "Definiendo términos" que encontrará en la sección de recursos complementarios de esta lección. De ser posible hagan el experimento del agua. Para esto debe preparar los materiales con suficiente tiempo; lo ideal es que se pueda ver cómo se evapora el agua y posteriormente cómo retoma el estado líquido. También puede pedir a los adolescentes que sugieran algunos ejemplos a través de los cuales podemos comprender el término "tri-unidad". Algunas opciones son el triángulo, el huevo (clara, yema y cascarón), un trébol, una persona que es "Abuelo-Padre-Hijo", etc. ¡Cuidado! Debe quedar claro a los adolescentes que estos ejemplos sólo son para "visualizar" remotamente el concepto trinidad, pero ninguna expresa a exactitud la relación y distinción entre el Padre, el Hijo y el Espíritu Santo.

Una vez que han quedado claro los términos unidad y persona, proceda a compartir el punto "2", "La revelación de la Trinidad". Utilice la hoja de actividades , "Atributos del Dios Trino". Recorte las tarjetas y escóndalas en diversas partes del lugar donde estén reunidos. Premie a la persona que encuentre más pares de tarjetas que se relacionen. Una vez que relacionaron todas las tarjetas, resuelva al hoja de atividades, "Descubriendo el misterio".

### Aplicando la Palabra

Es el tiempo para memorizar 1 Juan 5:7. Cerciórese de que todos lo hayan aprendido. Ahora comparta el resumen de la lección. Utilice la hoja de actividades, "El misterio es revelado", para evaluar la comprensión del tema. Concluya la lección pidiendo a los adolescentes que para la próxima reunión presenten un reporte diario de las acciones en las que estuvieron conscientes de que la Trinidad estaba presente en sus vidas. Por ejemplo: "El día lunes, a la hora de la cena, di gracias a Dios Padre por tener una familia tan unida. Martes, cuando presenté mi examen, estuve a punto de hacer trampa, pero me pregunté, ¿qué haría Jesús en mi lugar? Esto me ayudó a ser honesto y no hacer trampa; además de que pude ver como es que el Espíritu Santo me habló para hacer lo correcto". Finalmente lean juntos 2 Corintios 13:14 y oren.

#### Respuestas: Hoja de Actividades
*El misterio es revelado*

1."f", 2."v",
3."v", 4."f",
5."v", 6."v"
y 7."v".

"*Porque tres son los que dan testimonio en el cielo: el Padre, el Verbo y el Espíritu Santo; y estos tres son uno*" 1 Juan 5:7.

# La lección para...

## Abriendo la Palabra

Para iniciar la lección divida al grupo en cuatro equipos. La tarea de cada equipo consistirá en realizar una dramatización en la que representen los siguientes sentimientos: Amor, tristeza, alegría y odio. Déles de cinco minutos para que se preparen y posteriormente que cada grupo presente su dramatización.

Comente: Ustedes han representado, a través de la actuación, sentimientos o ideas que aunque no tienen una forma física ni son visibles, sabemos que existen. Muchas veces es difícil dar una definición de ellos, pero sabemos que estos sentimientos son reales. El tema de esta lección tampoco es visible físicamente y es difícil de explicar, pero no por eso podemos negar esta creencia básica para nosotros como cristianos. Hoy hablaremos de la Trinidad.

Pregunte, ¿qué le responderían a una persona que les dijera que los cristianos creen en tres dioses? Escriba las respuestas en la pizarra y posteriormente exponga la introducción a la lección.

## Profundizando en la Palabra

Para iniciar esta etapa de la lección pregunte, ¿cuántas veces aparece la palabra Trinidad en la Biblia? Si hay respuestas, escríbalas en la pizarra y posteriormente lean el pasaje para estudio 1 Juan 5:6-12.

Ahora desarrolle el punto "1", "Definiendo términos". De ser posible hagan el experimento del agua. Para esto debe preparar los materiales con suficiente tiempo; lo ideal es que se pueda ver cómo se evapora el agua y posteriormente cómo retoma el estado líquido. También puede pedir a los jóvenes que sugieran algunos ejemplos a través de los cuales podemos comprender el término "tri-unidad". Algunas opciones son el triángulo, el huevo, un trébol, una persona que es "Abuelo-Padre-Hijo", etc.

¡Cuidado! Debe quedar claro a los jóvenes que estos ejemplos sólo son para "visualizar" remotamente el concepto trinidad, pero ninguna expresa a exactitud la relación y distinción entre el Padre, el Hijo y el Espíritu Santo.

Una vez que han quedado claro los términos unidad y persona, proceda a compartir el punto "2", "La revelación de la Trinidad". Utilice la hoja de actividades, "Atributos del Dios Trino". Reparta las tarjetas al grupo para que ellos descubran la relación entre los atributos de Dios y las citas bíblicas que dan respaldo, una vez que lo hicieron, pida que resuelvan la hoja de actividades, "Descubriendo el misterio".

Ahora divida a los participantes en dos grupos y vea qué grupo responde a la siguiente pregunta "cuádruple": ¿Cuántas de las personas de la Trinidad se distinguen en cada una de las siguientes citas?
1) Mateo 28:19
2) Lucas 3:21-22
3) Juan 14:16-17, 26
4) 1 Pedro 1:2

*"Porque tres son los que dan testimonio en el cielo: el Padre, el Verbo y el Espíritu Santo; y estos tres son uno" 1 Juan 5:7.*

## Aplicando la Palabra

Es el tiempo para memorizar 1 Juan 5:7. Cerciórese de que todos lo hayan aprendido. Ahora comparta el resumen de la lección. Utilice la hoja de actividades, "El misterio es revelado", para evaluar la comprensión del tema que han tenido los jóvenes.

Respuestas:
Hoja de Actividad
El misterio es revelado

1."f", 2."v", 3."v", 4."f", 5."v", 6"v" y 7."v".

Concluya la lección pidiendo a los jóvenes que para la próxima reunión presenten un reporte diario de las acciones en las que estuvieron conscientes de que la Trinidad estaba presente en sus vidas. Por ejemplo: "El día lunes, a la hora de la cena, di gracias a Dios por tener una familia tan unida. Martes, cuando presenté mi examen, estuve a punto de hacer trampa, pero me pregunte, ¿qué haría Jesús en mi lugar? Esto me ayudó a ser honesto y a no hacer trampa".

Finalmente lean juntos 2 Corintios 13:14 y oren.

### Respuestas:Hoja de Actividades
Descubriendo el misterio

## Jóvenes mayores (19 - más)

### Abriendo la Palabra

Para iniciar la lección entregue a cada joven una hoja pequeña para que en ella respondan a la siguiente pregunta: ¿Qué es lo que te hace a ti ser una persona?

Lean y comenten las respuestas de cada uno, aún sin dar una conclusión. Ahora comente: El día de hoy hablaremos de un tema que es difícil de explicar, sobre todo porque involucra un concepto del que ya tenemos cierto entendimiento (persona). Hoy hablaremos de un Dios en tres personas, la Trinidad.

Pregunte, ¿qué responderían si una persona les dijera que los cristianos creen en tres dioses? Escriba las respuestas en la pizarra y posteriormente exponga la introducción a la lección.

### Profundizando en la Palabra

Para iniciar esta segunda etapa del desarrollo de la lección pregunte, ¿cuántas veces aparece la palabra Trinidad en la Biblia? Si hay respuestas, escríbalas en la pizarra y posteriormente lean el pasaje para estudio (1 Juan 5:6-12).

Ahora desarrolle el punto "1", "Definiendo términos". Pida a los jóvenes que sugieran algunos ejemplos a través de los cuales podemos comprender el término "tri-unidad". Algunas opciones son el triángulo, el huevo, un trébol, una persona que es "Abuelo-Padre-Hijo", gobierno de un país (poder ejecutivo, judicial y legislativo), etc. ¡Cuidado! Debe quedar claro a los jóvenes que estos ejemplos sólo son para "visualizar" remotamente el concepto trinidad, pero ninguna expresa a exactitud la relación y distinción entre el Padre, el Hijo y el Espíritu Santo.

Una vez que han quedado claro los términos unidad y persona, proceda a compartir el punto "2", "La revelación de la Trinidad". Utilice la hoja de actividades, "Atributos del Dios Trino". Reparta las tarjetas al grupo para que ellos descubran la relación entre los atributos de Dios y las citas bíblicas que dan respaldo, una vez que lo hicieron, pida que resuelvan la hoja de actividades, "Descubriendo el misterio". Ahora entregue a los participantes la hoja de actividades, "Un solo Dios". Lean y comenten las respuestas.

### Aplicando la Palabra

Es el tiempo para memorizar 1 Juan 5:7. Ahora, pida a los jóvenes que respondan a la siguiente pregunta: ¿qué pasaría si los cristianos no creyeran en la doctrina de la Trinidad? Dé un tiempo para compartir las respuestas y después exponga el resumen de la lección.

Concluya la lección pidiendo a los jóvenes que para la próxima reunión presenten un reporte diario de las acciones en las que estuvieron conscientes de que la Trinidad estaba presente en sus vidas. Por ejemplo: "El día lunes, a la hora de la cena, di gracias a Dios por tener una familia tan unida. Martes, cuando presenté mi examen, estuve a punto de hacer trampa, pero me pregunte, ¿qué haría Jesús en mi lugar? Esto me ayudó a ser honesto y a no hacer trampa".

Finalmente lean juntos 2 Corintios 13:14 y oren.

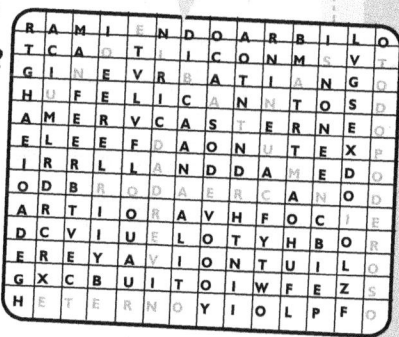

Respuestas: Hoja de Actividades

Descubriendo el misterio

"Porque tres son los que dan testimonio en el cielo: el Padre, el Verbo y el Espíritu Santo; y estos tres son uno" 1 Juan 5:7.

Revista Jóvenes de Discipulado # 2 - La Trinidad

# EL MISTERIO ES REVELADO

## Contesta falso o verdadero:

|   |   | F | V |
|---|---|---|---|
| 1- | Creemos que Dios es Trino porque tiene tres naturalezas y tres personalidades distintas. | F | V |
| 2- | La doctrina de la Trinidad es bíblica porque tiene su sustento en la Biblia. | F | V |
| 3- | Una de las características de Dios es la unidad. | F | V |
| 4- | La palabra Trinidad es mencionada tres veces en la Biblia. | F | V |
| 5- | Nuestro Dios es uno en esencia pero su naturaleza reside en tres personas distintas. | F | V |
| 6- | Las personas distintas que integran la Trinidad no pueden estar separadas porque comparten una misma esencia o substancia. | F | V |
| 7- | El ejemplo más claro en el que podemos ver la manifestación de la Trinidad es en nuestra propia salvación. | F | V |

*"Porque tres son los que dan testi-monio en el cielo: el Padre, el Verbo y el Espíritu Santo; y estos tres son uno" I Juan 5:7.*

# HOJA DE ACTIVIDADES

# 1 *sólo Dios*

## Preguntas para discusión:

**1.-** ¿Qué entendemos por un Dios Trino?

**2.-** ¿Hay algún argumento bíblico que respalde la doctrina de la Trinidad?

**3.-** ¿Por qué se dice que una de las características de Dios es la unidad?

**4.-** ¿Cómo puedes identificar la presencia o acción de la Trinidad en la obra de salvación?

*"Porque tres son los que dan testimonio en el cielo: el Padre, el Verbo y el Espíritu Santo; y estos tres son uno" 1 Juan 5:7.*

# Descubriendo el misterio

**Busca en el recuadro las siguientes palabras:**

uno, eterno, creador, inmutable, santo, todopoderoso.

| | | | | | | | | | | | | | | |
|---|---|---|---|---|---|---|---|---|---|---|---|---|---|---|
| | | | | | | | | D | O | A | R | B | I | L | O |
| R | A | M | I | E | N | | | O | N | M | S | V | T | |
| T | C | A | O | T | L | L | I | C | N | M | | G | O | |
| G | I | N | E | V | R | R | B | A | T | I | A | N | S | D |
| H | U | F | E | L | I | | C | A | N | N | T | O | E | O |
| A | M | E | R | V | C | A | S | T | E | R | N | E | X | P |
| E | L | E | E | F | D | A | O | N | U | T | E | D | O | |
| I | R | R | L | L | A | N | D | D | A | M | E | O | D | |
| O | D | B | R | O | D | A | E | R | C | A | N | O | D | |
| A | R | T | I | O | R | A | V | H | F | O | C | I | E | |
| D | C | V | I | U | E | L | O | T | Y | H | B | O | R | |
| E | R | E | Y | A | V | I | O | N | T | U | I | L | O | |
| G | X | C | B | U | I | T | O | I | W | F | E | Z | S | |
| H | E | T | E | R | N | O | Y | I | O | L | P | F | O | |

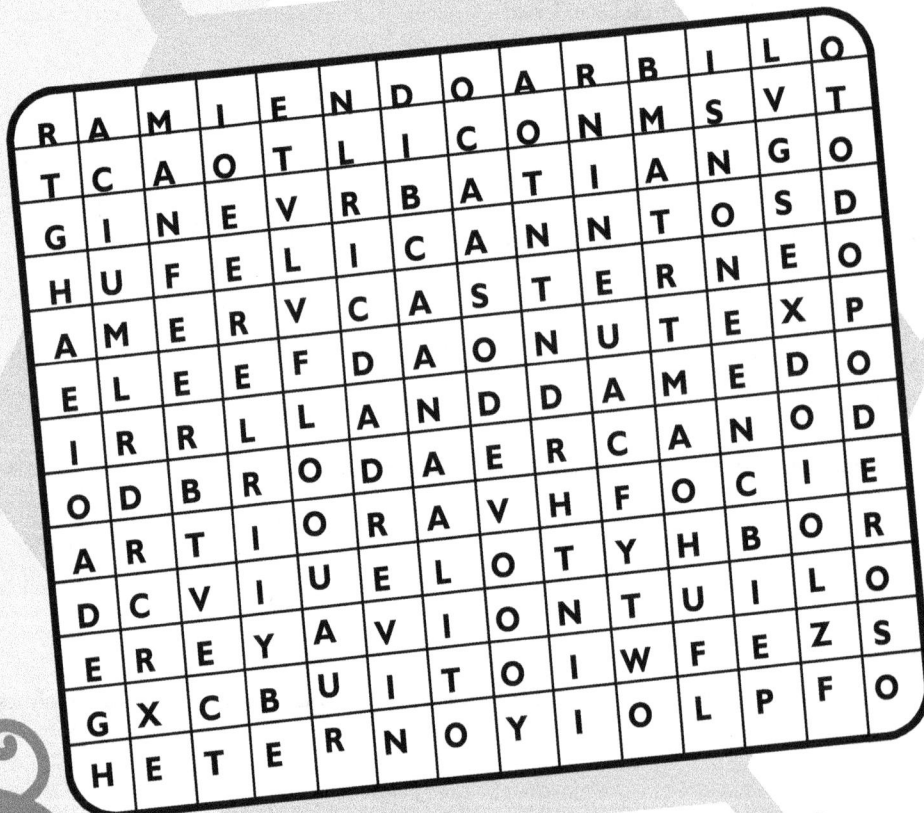

*"PORQUE TRES SON LOS QUE DAN TESTIMONIO EN EL CIELO: EL PADRE, EL VERBO Y EL ESPÍRITU SANTO; Y ESTOS TRES SON UNO" 1 JUAN 5:7.*

# HOJA DE ACTIVIDADES

# Atributos del Dios Trino

| | |
|---|---|
| **CREADOR** | **Génesis 1:26** |
| **UNO** | **Deuteronomio 6 : 4** |
| **ETERNO** | **Isaías 44 : 6  y Apocalipsis 1 : 17** |
| **INMUTABLE** | **Malaquías 3 : 6  y Hebreos 13 : 8** |
| **TODOPODEROSO** | **Génesis 17 : 1  y Apocalipsis 1 : 8** |
| **SANTO** | **Isaías 43 : 3  y Hechos 3 : 14** |
| **VERDAD** | **Deuteronomio 32 : 4; Juan 14 : 6  y Hebreos 4 : 5** |

# 10

# Buscando una aguja en un pajar

David González

## DESARROLLO DE LA LECCIÓN

### INTRODUCCIÓN

"Se cuenta de un hombre que un día concertó un pacto de amistad con una zorra. Llegó el invierno y con éste el frío; el hombre arrimaba las manos a la boca y soplaba en ellas. La zorra le preguntó por qué lo hacía. El hombre le contestó que se calentaba las manos a causa del frío.

Llegó la hora de la comida y se sirvieron los alimentos, pero la comida estaba muy caliente. Entonces, el hombre tomó pequeños trozos y se los acercaba a la boca, soplando en ellos. La zorra le preguntó por qué lo hacía; y el hombre le contestó que enfriaba la comida porque estaba muy caliente.

Ante esta respuesta, la zorra se levantó y le dijo: ¡Pues escucha bien lo que te tengo que decir, renuncio a tu amistad porque no eres confiable; lo mismo soplas con la boca lo que está frío que lo que está caliente!".

Este relato es sólo una fábula, pero nos ayuda a reflexionar en las ocasiones en que nos hemos dejado guiar por las primeras apariencias. Establecemos una relación de amistad con alguien que al parecer es una persona confiable, pero cuando nos damos cuenta, hemos sido traicionados o heridos por ésta.

No cabe duda que es muy difícil elegir a las amistades, pero la Palabra de Dios también tiene consejo para este tipo de situaciones. Así que veamos lo que Dios nos dice en cuanto a la elección de las amistades.

## 1 EL QUE CON LOBOS ANDA ...

De inicio podemos decir que los amigos no son simplemente las personas con las que pasamos buenos ratos o compartimos cierta actividad ocasional; la amistad va más allá.

Un personaje de un libro muy conocido, "El principito", llega a decir: "Los hombres compran cosas con su dinero; como los amigos no se compran con dinero, por eso los hombres no tienen amigos". En otras palabras, podemos tener compañeros, colegas, conocidos; pero amigos, son pocos. Se confunden demasiado las "buenas relaciones" con la amistad.

Si pensamos en la amistad como una aventura, entonces podemos decir que los amigos son aquellos que quieren recorrer el mismo camino. Como consecuencia natural, el pasar tiempo con ellos se ve reflejado en nuestros hábitos, nuestros gustos, etc. Somos influenciados e influenciamos a la gente con la que convivimos.

Un ejemplo muy claro de la influencia de los amigos es el pueblo de Israel. Si dibujáramos una gráfica para ilustrar la vida del pueblo a partir de su llegada a la Tierra Prometida, veríamos que a veces su relación con Dios estaba hasta arriba y otras veces muy, pero muy abajo.

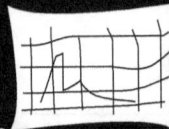

En el libro de Josué, capítulo 24, versículo 15, Josué le dice al pueblo que debían ser fieles a la promesa hecha a Dios de no dejarse influenciar por los pueblos vecinos. Pero el pueblo de Israel se olvidó muy rápido de esa promesa. En el capítulo 1 de Jueces, 21, 29 y 30, podemos ver que el pueblo de Israel rompió el pacto que había hecho con el Señor.

Ellos menospreciaron la recomendación que Dios les hizo con respecto a la amistad con los pueblos que los rodeaban. Dios les dijo que debían evitar seguir las prácticas que tenían estos pueblos. Sin embargo, el pueblo de Israel no hizo caso del mandato de Dios; y las consecuencias no se hicieron esperar. La Biblia relata que Israel nuevamente padeció bajo el dominio de los pueblos vecinos, quienes los hicieron sus siervos y les exigieron tributo. El proceso se dio de manera casi imperceptible: primero

Pasaje de estudio: Jueces 16.

Versículo para memorizar: "El que anda con sabios, sabio será; mas el que se junta con necios será quebrantado" Proverbios 13:20.

Principio bíblico: Dios desea ayudarnos a tomar decisiones sabias en cuanto a la elección de los amigos.

Propósito: Ayudar al joven en el proceso de elegir y cuidar a sus amistades.

empezaron a convivir con ellos, después se casaron con gente de ellos y finalmente, los dioses de los otros pueblos se convirtieron en los dioses del pueblo de Israel. De esta manera se olvidaron de Jehová.

Un detalle importante es que el pueblo de Israel buscaba a Dios sólo cuando las cosas estaban mal. Esto nos ayuda a ver que desde ese entonces la gente busca la amistad con Dios cuando tiene problemas, cuando las cosas le salen mal; pero no se dan cuenta de que en la gran mayoría de las veces las cosas van mal por su propia culpa.

Regresando al análisis de la historia del pueblo de Israel, ¿qué pasaba una vez que el pueblo de Israel era liberado? Se olvidaban de Dios y seguían pecando. Parecía que para Israel era un juego. Esto nos enseña que debemos tener cuidado, porque hay muchos juegos que son muy peligrosos y no nos damos cuenta hasta que "el agua nos llega al cuello". En este caso, el consejo de la Palabra de Dios es ¡no jugar esos juegos! Dios le dijo al pueblo, "no hagan amistad con los pueblos que los rodean".

## 2 PARA MUESTRA, BASTA UN BOTÓN

No hay necesidad de investigar demasiado para encontrar una muestra de lo inestable que era el pueblo de Israel. Sansón es el mejor ejemplo que podemos tener de la vida del pueblo de Israel. Su vida, por sí sola, era toda una montaña rusa. A veces bien, otras veces mal, y... otras veces muy mal.

La vida de Sansón es una muestra clara de que las malas amistades traen consecuencias fatales, al corto o al largo plazo. Veamos brevemente lo que pasó con este hombre.

La vida de Sansón es sorprendente, merecedora de un guión cinematográfico. En Jueces, capítulos del 13 al 16, podemos leer la historia de Sansón. Él nació en un hogar temeroso de Dios. Más aún, él fue el cumplimiento de una promesa de Dios para sus padres, y de sus padres hacia Dios. Creció y fue bendecido y usado por Dios (Jueces 13:25). Sin embargo, Sansón buscó amigos en el lugar equivocado. En Jueces 14:1 leemos que Sansón descendió a la tierra de los filisteos, un lugar en el que no debía estar. ¡Qué lejos estaba de imaginar todo lo que le ocasionaría esta visita!

Leemos en el relato bíblico que Sansón vio a una mujer filistea y se enamoró de ella a pesar de la oposición de sus padres. Es difícil entender que Dios tenía planes en medio de esta situación. A pesar de esta clara muestra de desobediencia, ¡Dios usó a

Sansón! Esta historia termina de una manera desagradable, Sansón se casa, pero después le quitan a su mujer para dársela a su mejor amigo.

Después de esta situación, uno pensaría que Sansón aprendió la lección, pero ¡no! Él siguió jugando con fuego, y finalmente conoció a Dalila (Jueces 16). Permítame mostrarle tres señales muy claras que Sansón no vio, y que le estaban mostrando que Dalila no era una buena amiga.

**Primero**, un buen amigo no tiene necesariamente que saber todo de usted. No importa lo cerca que esté de alguien, si esa persona realmente es su amigo no debería obligarle a que le cuente todo de usted. Si alguien comienza a tratarle como una persona que no debe tener ideas privadas, casi exigiéndole que le cuente todo lo que siente o piensa, todo ello debería ser una señal muy clara que le indica que debe alejarse.

**Segundo**, un buen amigo no le presionará a hacer algo con lo que no se sienta cómodo, o algo que crea que es equivocado. Un buen amigo puede pedirle que haga algo que no quiera hacer, pero una vez que usted no lo acepta, él o ella deberá respetar el derecho que tiene a tomar sus propias decisiones.

**Tercero**, un amigo no le pedirá que haga algo que le pueda hacer daño. Tampoco intentará ponerle en una situación difícil. Quienes hagan esto nunca van a ser buenos amigos.

## 3 ¿EN QUIÉN PUEDO CONFIAR?

La vida de Sansón también nos enseña que hay algunas cosas que debemos considerar antes de iniciar o profundizar en una amistad. Lo primero que debemos comprender es, que los mejores amigos siempre serán aquellos que aman y temen a Dios con todo su corazón.

A continuación se mencionan algunas características adicionales, que pueden ayudar en el difícil arte de seleccionar a los amigos:

1. Desinteresado. Debe amar a los demás por lo que son y no por lo que tienen (2 Corintios 12:14).
2. Fidelidad. En Proverbios se nos dice que debemos amar al amigo fiel en todo tiempo y que el amigo fiel también amará en todo tiempo. No importa el tiempo o lo que pase, los amigos de verdad no son pasajeros.
3. Bueno. Un amigo bueno es un buen amigo, eso implica que el amigo de verdad es el que está con nosotros y nos influye positivamente.
4. Abierto. El amigo no es un propietario o dueño, no es alguien que domina y dirige tu vida. Es alguien que la complementa y enriquece con muchos otros amigos.
5. Respetuoso. Cuando el amigo rompe la barrera de lo íntimo, en realidad está rompiendo la amistad, y está intentando dominar tu rincón privado.
6. Expresivo. Es bueno cuando los amigos son capaces de llorar o reír juntos y de demostrar sus sentimientos.
7. Afinidad. Toda amistad implica una igualdad y una desigualdad. Necesitamos puntos en común, visibles o no, pero sin ellos la amistad no se puede desarrollar.

Sansón no tuvo cuidado de hacer una buena selección de sus amistades y esto le ocasionó problemas, aún cuando pensaba que la situación estaba bajo control ¡qué equivocado!. Cada vez que llegaban los filisteos para matarlo, se despertaba y acababa con ellos, pero se acercó tanto al "fuego" que un día ya no pudo parar y se "quemó". El hecho de que permitiera que le cortaran el cabello, solamente fue la gota que derramó el vaso. Sansón ya se había alejado demasiado de Dios, y las consecuencias fueron literalmente mortales. Primero le sacaron los ojos y después murió siendo víctima de la burla de sus enemigos.

## RESUMEN

Muchas veces a los jóvenes les sucede lo mismo que a Sansón; creen que pueden hacerlo todo, no importando que vayan en contra de la voluntad de Dios. Descuidan su relación con Dios, y como consecuencia, se ven afectadas todas las áreas de su vida.

Para muchos jóvenes es común pensar que para tener amigos, es necesario ceder ante la presión de los compañeros de escuela o de trabajo. Creen que no les hará mal conocer un poco de todo: un poco de licor, un poco de droga, un poco de sexo, un poco de pornografía, un poco de irresponsabilidad en la escuela, un poco de mentira. Pero no nos engañemos, no es necesario conocer todo eso. Dios desea que evitemos todo esto, porque en realidad todo lo que hagamos en contra de la voluntad de Dios nos dañará a nosotros mismos.

La amistad es como una carrera de resistencia, quizá veamos que muchos avanzan más que nosotros, pero no importa. Tomemos el tiempo necesario para hacer una buena elección y estemos siempre dispuestos a aprender de los amigos y a compartir con ellos.

La amistad es una gran aventura y para llegar a un final feliz es necesario seleccionar muy bien a los compañeros de viaje. Y como en todas las áreas de la vida, Dios tiene consejo en su Palabra; escuchemos y obedezcamos su voz. Pero recuerda, la elección sigue siendo nuestra.

**Materiales Didácticos:**
1. Pizarra u hojas de rotafolio
2. Hojas en blanco.
3. Marcadores, Biblias, lápices y cinta adhesiva.
4. Fotocopia de la hoja de actividades, "Entrevistando celebridades". Con suficiente tiempo, entregue este hoja a un voluntario y pídales que estudie la vida de Sansón porque representará a este juez y será entrevistado.

**Información Complementaria:**
**1. El cristiano y los amigos nos cristianos**
"…no son del mundo… No ruego que los quites del mundo, sino que los guardes del mal" (Juan 17:14b-15).
Jesús dijo que los cristianos están en el mundo, pero no son del mundo. Pareciera una contradicción, pero no es así. Lo que Jesús dijo es que el cristiano debe ser amigable con su prójimo y mostrarle así el amor de Dios, pero debe evitar las prácticas que van en contra de la voluntad de Dios.
Los cristianos no podemos convivir sólo con otros cristianos, debemos buscar a los perdidos. Para eso hemos sido llamados. Mateo 5:16 dice que el cristiano es luz en un mundo de oscuridad.

**2. La importancia de la dramatización**
Una dramatización es una lectura con imágenes. Este es sin duda uno de los mejores recursos para contar una historia, de tal manera que quede grabada en la mente de los jóvenes.

Prepare con suficiente tiempo una dramatización y utilice todos los recursos disponibles: vestuario, muebles, objetos, maquillaje, etc.

**Dinámica: "Safari en África":**
Consiste en que el líder invite a los jóvenes a hacer un viaje a África, pero para ello debe hacer una selección muy cuidadosa porque es un viaje peligroso.
Ejemplo: Imaginemos que el líder se llama Carlos, entonces, él dirá: Yo me llamo Carlos y voy a ir a un "Safari al África" y voy a llevar un "carro". La clave consiste en mencionar cosas que inicien con la misma letra con la que comienza su nombre (Carlos-carro). ¡Cuidado, no les diga la clave a los jóvenes!
Ahora les preguntará: ¿Alguien quiere ir al Safari? Y cuando ellos le digan que sí, entonces les preguntará, ¿qué quieres llevar? Y los jóvenes dirán lo que quieran llevar. Si no llevan cosas con la letra que inicia su nombre entonces el líder les dirá: "lo siento, pero no puedes ir".
Así, nuevamente el líder dirá: "Yo me llamo Carlos y voy a llevar un cuchillo".
Pida que los jóvenes continúen con la dinámica. Y así, de la misma manera, seguirá hasta que la mayoría adivinen la clave para poder ir al safari (cinco a 10 minutos).

¿ SERÁ MI AMIGO?

# La lección para...

## Abriendo la Palabra

Inicie la clase con la dinámica "Safari en África" que puede encontrar en la sección de recursos complementarios de está lección.

Haga la transición al contenido de la lección comentando que la amistad es una aventura y que si queremos llevarla a buen término, es importante seleccionar muy bien a las personas con las que compartiremos esta aventura.

Encontrar buenos amigos "Es como buscar una aguja en un pajar". No es fácil, pero es posible.

## Profundizando en la Palabra

Lean el pasaje para estudio, Jueces 16. Para que los adolescentes participen de una manera activa en la lectura le sugiero que utilicen la hoja de actividades "Entrevistando celebridades". Para esto, pida la ayuda de un voluntario para que interprete el papel de Sansón (entréguele con suficiente tiempo de anticipación la hoja "Entrevistando celebridades", para que estudie las respuestas).

Reparta a los adolescentes las preguntas de la hoja de actividades "Entrevistando celebridades, preguntas".

Una vez que ha repartido las preguntas, presénteles al invitado especial, "Sansón" y pida a los adolescentes que, en orden progresivo, hagan las preguntas que usted les repartió.

Una vez que terminó la dramatización, despida al invitado especial y comparta los puntos "1" y "2" de la lección.

Ahora, desarrolle el punto "3" de la lección. Para hacerlo de una manera dinámica utilice la hoja de actividades, "Un amigo a la medida".

## Aplicando la Palabra

Invíteles a aprender el versículo para memorizar, pero para esto deberán resolver el acertijo de la hoja de actividades "Buscando una aguja en un pajar".

Comparta el resumen de la lección y programen durante la semana una reunión de compañerismo (diferente al estudio bíblico). Quizá un día de campo o una cena en su casa o en la casa de alguno de los adolescentes. Es importante que el grupo de adolescentes cree un vínculo muy fuerte de amistad. Nota: Asegúrese de contar con el permiso de los padres.

Finalice orando a Dios, agradeciendo la oportunidad de ser parte de ese gran grupo de amigos.

### Respuestas: Hoja de Actividades
Buscando una aguja en un pajar

"El que anda con sabios, sabio será; Mas el que se junta con necios será quebrantado". Proverbios 13:20

# La lección para...

### Abriendo la Palabra

Inicie la lección haciendo el siguiente acertijo: Tiene orejas de gato, pero no es gato, tiene ojos de gato pero no es gato, tiene patas de gato pero no es gato, maúlla pero no es gato, ¿qué es? (la respuesta es la gata). Luego, comparta la fábula que se narra en la introducción de la lección y enfatice en el dicho, "las apariencias engañan".

Comente: "En el caso de la amistad es aplicable este dicho. Podemos encontrar personas que aparentan ser buenos amigos, pero que al final resultan todo lo contrario. Pero, ¿cómo podemos evitar elegir mal nuestras amistades?".

Sin lugar a dudas, encontrar buenos amigos es difícil, pero si buscamos la ayuda de Dios podemos tener éxito en esta difícil tarea. Invite al grupo a meditar en el ejemplo de algunos personajes bíblicos. En el caso específico de esta lección, hablaremos de Sansón.

### Profundizando
### en la Palabra

Lean el pasaje para estudio, Jueces 16:4-31. Consiga varias versiones de la Biblia y lean en silencio este pasaje.

Comparta el punto "1", "El que con lobos anda…" para tener una referencia del contexto histórico en el que vivió Sansón. Posteriormente, comparta el punto "2" del desarrollo de la lección; en este punto, cerciórese que quedaron bien claras las tres señales que nos ayudan a identificar a alguien que no es una buena amistad. Esto lo puede hacer pidiéndole al grupo un ejemplo de cada señal (pueden ser experiencias personales). Compartan los comentarios y agreguen otras señales que nos pueden ayudar a identificar a una "mala compañía". Escriba las opiniones de los jóvenes, en forma de lista en la pizarra o en una hoja de papel grande.

**Respuestas: Hoja de Actividades**

Buscando una aguja en un pajar

"El que anda con sabios, sabio será; Mas el que se junta con necios será quebrantado".
Proverbios 13:20

### Aplicando la
### Palabra

Invíteles a aprender el versículo para memorizar, el cual deberán encontrar resolviendo el acertijo de la hoja de actividades, "Buscando una aguja en un pajar".

Comparta el resumen de la lección y pida a los jóvenes que durante la semana hagan un reporte diario, en el que describan cómo ellos fueron buenos amigos con las personas que los rodean. Por ejemplo:

*Lunes:*
1. Ayudé a "Roberto" con la clase de matemáticas que tantos problemas le ha dado.
2. En un principio me sentí un poco celoso porque el entrenador escogió a mi amigo Raúl para jugar en el equipo titular; y yo en cambio, tuve que estar todo el partido en la banca. Sin embargo, lo felicité sinceramente porque se ha esforzado mucho y jugó un muy buen partido.

Finalice orando a Dios, agradeciendo la oportunidad de ser parte de ese gran grupo de amigos.

# La lección para...

## Abriendo la Palabra

Inicie la lección haciendo la siguiente pregunta a los alumnos: "Si el mundo se destruyera y solamente tuvieras la oportunidad de salvarte tú y tres personas más, ¿a quiénes escogerías? (no pueden elegir a ningún familiar).

Puede entregarles una hoja en blanco, para que escriban los nombres de las tres personas que elegirían y la explicación de por qué las salvarían. Compartan las respuestas. Es muy probable que les haya sido difícil seleccionar a tres personas que salvarían; de la misma manera, seleccionar a los amigos es una tarea muy difícil.

Hay un dicho, que le da razón al título de la lección: "Es como buscar una aguja en un pajar". Encontrar buenos amigos es algo similar. No es nada fácil, pero es posible hacerlo.

## Profundizando en la Palabra

Lea el pasaje para estudio, Jueces 16:4-31. Consiga varias versiones de la Biblia y organice al grupo para que dramaticen esta lectura. Los personajes son: Sansón, Dalila y muchos filisteos.

Una vez que hayan realizado la dramatización, comparta los puntos "1" y "2" de la lección. En el punto "2", "Para muestra basta un botón", cerciórese que quedarón bien claras las tres señales que nos ayudan a identificar a alguien que no es una buena amistad. Esto lo puede hacer pidiéndole al grupo un ejemplo de cada señal (pueden ser experiencias personales). Compartan las opiniones.

## Aplicando la Palabra

Invíteles a aprender el versículo para memorizar, el cual deberán encontrar resolviendo el acertijo de la hoja de actividades "Buscando una aguja en un pajar".

Comparta el resumen de la lección y pida a los jóvenes que sugieran alguna actividad que les gustaría realizar durante la semana, con el fin de fomentar la amistad entre ellos.

Finalice orando a Dios, agradeciendo la oportunidad de ser parte de ese gran grupo de amigos.

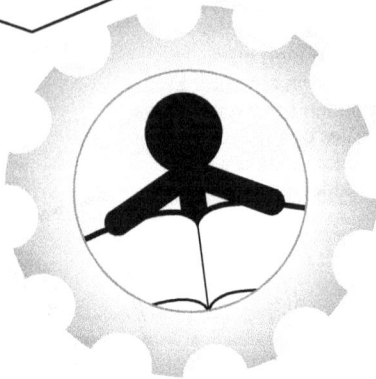

# Respuestas:
# Hoja de Actividades

Buscando una aguja en un pajar

"El que anda con sabios, sabio será; Mas el que se junta con necios será quebrantado"

Proverbios 13:20

# HOJA DE ACTIVIDADES

## Entrevistando celebridades

Esta dinámica consiste en una entrevista que el grupo de jóvenes hará a un personaje famoso, en este caso a Sansón. A continuación encontrará la guía que se utilizará para la entrevista.

Se recomienda usar globos dentro de la camisa o vestimenta de Sansón; esto hará que resalten sus "músculos". También puede usar unos lentes oscuros y una gran cabellera (postiza), para darle un toque "moderno y realista" al personaje.

**1. ¿En qué situación histórica y social naciste Sansón?**
Bueno, nací en una época en la que en Israel, mi país, estábamos pasando por problemas políticos. Los filisteos nos agredían constantemente y, prácticamente éramos sus esclavos.

**2. ¿Quiénes eran tus padres?**
Mis padres eran unos israelitas, de la tribu de Dan. Mi padre se llamaba Manoa.

**3. ¿Consideras tu nacimiento como un milagro?**
Sí, desde luego. Mi madre era estéril, no podía tener hijos, pero un ángel del Señor se le apareció y le dijo que iba a tener un hijo que iba a libertar a Israel del domino de los filisteos.

**4. ¿Cuáles eran los cuidados especiales que tuviste desde pequeño?**
No debían cortarme el cabello, no debía tomar vino ni sidra y tampoco comer cosa inmunda.

**5. ¿Tienes alguna comida favorita, pasatiempo, mascota, etc.?**
Bueno, recuerdo un suceso que marcó mi vida, y desde luego mis gustos. Una vez yendo por el camino me salió al encuentro un león, y luché contra él, y lo maté. Al pasó de los días regresando por ese mismo camino, estaba el león, pero, dentro del león había un panal de miel. Lo tomé en mis manos y me fui comiéndolo. Desde entonces mi comida favorita es la miel y, los leones no me desagradan tanto.

**6. ¿Qué nos puedes decir de tus amigos y tu vida sentimental?**
Pues no tengo tantos amigos, pero la mayoría han sido de los filisteos, aunque he tenido muchos problemas con ellos, me gusta convivir con ellos. ¡Es toda una aventura!

**7. ¿Cuáles crees que son tus principales fortalezas y tus debilidades?**
Creo que es más que evidente que mi fuerza física es mi fortaleza; y, mi debilidad son ¡las mujeres!

**8. ¿Usas algún shampoo o tienes algún cuidado especial para tener un cabello tan hermoso?**
No, simplemente no me lo cortó. Bueno, hasta hace unos días, no me lo había cortado, ahora me está creciendo nuevamente.

**9.Con tanta fama, ¿te has sentido solo alguna vez?**
Pensé que nunca me sentiría solo porque siempre estaba rodeado de gente. Sin embargo, hace unos días me di cuenta que estaba solo. Los que decían ser mis amigos, me traicionaron; pero lo más duro fue saber que Dios se alejó de mí. Bueno, en realidad Él nunca me dejó, ¡yo me alejé de Él!

**10. ¿Tienes algunos planes para tu futuro?**
A estas alturas, ya no puedo tomar mis propias decisiones, de hecho los filisteos me tienen como prisionero y estoy por participar en una fiesta de ellos. Ahora sólo les sirvo para divertirlos. Realmente estoy muy triste y arrepentido.

**11. ¿Algún consejo para nosotros?**
Muchachos, por favor sean muy cuidadosos con las amistades que eligen. Muchas veces hay gente que parecen tener buenas intenciones, pero sólo buscan nuestro mal.  Cuando uno es joven creemos tener todo bajo control, pero no es cierto. Al contrario, las malas amistades y los ambientes viciados nos esclavizan. Mi consejo es que busquen amistades que les bendigan y edifiquen.

# HOJA DE ACTIVIDADES

## Entrevistando celebridades Preguntas

**1** ¿En qué situación histórica y social naciste Sansón?

**2** ¿Quiénes eran tus padres?

**5** ¿Tienes alguna comida favorita, pasatiempo, mascota, etc.?

**3** ¿Consideras tu nacimiento como un milagro?

**4** ¿Cuáles eran los cuidados especiales que tuviste desde pequeño?

**6** ¿Qué nos puedes decir de tus amigos y tu vida sentimental?

**7** ¿Cuáles crees que son tus principales fortalezas y tus debilidades?

**8** ¿Usas algún shampoo o tienes algún cuidado especial para tener un cabello tan hermoso?

**9** Con tanta fama, ¿te has sentido solo alguna vez?

**10** ¿Tienes algunos planes para tu futuro?

**11** ¿Algún consejo para nosotros?

# HOJA DE ACTIVIDADES

# Un amigo a la medida

Haz una lista de los 10 mejores amigos(as) que tienes.
Describe brevemente por qué lo(a) elegiste como
uno(a) de tus mejores amigos(as).

| Mis mejores amigos | ¿Porque es uno de mis amigos? |
|---|---|
|  |  |
|  |  |
|  |  |
|  |  |
|  |  |

"El que anda con sabios, sabio será; Mas el que se junta
con necios será quebrantado" Proverbios 13:20.

# HOJA DE ACTIVIDADES

# BUSCANDO UNA AGUJA EN UN PAJAR

**Encuentra la frase escondida. Utiliza el código que se encuentra en la parte de abajo de la hoja.**

| a | b | c | d | e | f | g | h | i | j | k | l | m | n | ñ | o | p | q | r | s | t | u | v | w | x | y | z |
|---|---|---|---|---|---|---|---|---|---|---|---|---|---|---|---|---|---|---|---|---|---|---|---|---|---|---|

| A | B | C | D | E | F | G | H | I | J | K | L | M | N | Ñ | O | P | Q | R | S | T | U | V | W | X | Y | Z |
|---|---|---|---|---|---|---|---|---|---|---|---|---|---|---|---|---|---|---|---|---|---|---|---|---|---|---|---|

| 1 | 2 | 3 | 4 | 5 | 6 | 7 | 8 | 9 | 0 | á | é | í | ó | ú | . | , | ; | : | " | " |
|---|---|---|---|---|---|---|---|---|---|---|---|---|---|---|---|---|---|---|---|---|

# 11

# Más que un golpe de suerte

David González

## DESARROLLO DE LA LECCIÓN

### INTRODUCCIÓN

Al empezar a leer la Biblia, una de las historias que más me impresionó fue la de Caín y Abel. Me preguntaba, ¿cómo era posible que alguien fuera capaz de matar a su hermano? Sobre todo cuando yo asumía que una relación entre hermanos debía ser siempre buena. Al menos así era la relación que yo tenía con mis hermanos. Bueno, confieso que a veces no era tan perfecta, pero ni siquiera en el peor de los casos, pasaría por mi mente quitarle la vida a alguien de mi propia familia.

La historia de Caín y Abel no es la única relación de hermanos que se narra en la Biblia; hay muchos ejemplos más, tales como: Isaac e Ismael, José y sus hermanos, Moisés y sus hermanos (Aarón y María), y muchas más. Pero hay una en especial a la que se le dedican varios capítulos y de la que podemos obtener muchas enseñanzas para nuestra vida, específicamente en el área de la relación entre hermanos. Me refiero a la historia de Jacob y Esaú. Así que, a la par de estudiar esta historia, definiremos algunos términos claves acerca de la relación fraternal.

### 1 ¡YO NO LOS ESCOGÍ!

Algo de todos sabido es que, las personas somos seres sociales por naturaleza. No podemos vivir aislados de la gente, necesitamos estar en relación con otras personas. Sin embargo, hay relaciones en las que uno escoge a la persona con la que ha de relacionarse. Por ejemplo, podemos elegir a los amigos; también podemos elegir a nuestra esposa o esposo (desde luego, y que ellos acepten); aun en una relación de negocios podemos elegir a quién compraremos o venderemos algún bien o servicio. Por otro lado, también debemos reconocer que hay personas o relaciones que no las elegimos. Este es el caso de los hermanos. No tuvimos nada que ver en la elección. Simplemente, ¡ellos llegaron! No hubo invitación previa.

¿Ha pensado alguna vez que hubiese sido bueno que Dios le permitiera elegir a su hermano(a) o hermanos(as)? ¿Nunca pensó sugerirle a Dios que hiciera algún intercambio de hermanos con otra familia? Sin duda, las relaciones entre los hermanos son de las más importantes en nuestra vida, porque son de las primeras personas con las que nos relacionamos. Algunas veces se dice, "entre hermanos puede haber problemas, pero cuando algún extraño los ofende o lastima, la sangre llama para ir en rescate de ellos".

Antes de continuar nuestro tema podemos decir de los hermanos lo siguiente: Son las personas que, por un lazo de sangre y por el hecho de vivir en el mismo hogar (regularmente), convivimos la mayor cantidad de tiempo en los primeros años de nuestra vida (y en muchos casos durante toda la vida). A los hermanos no los elegimos, pueden representar una relación de amor y ayuda, o por el contrario, de carga y conflicto. Por tal razón, es importante considerar seriamente el consejo que Dios nos da para tener una relación saludable con ellos.

### 2 UNA HISTORIA DE NUESTROS DÍAS

El libro de Génesis nos presenta la historia de Jacob y Esaú, que nos sirve de modelo para comprender los principios que Dios dicta para construir relaciones familiares sanas.

Hagamos un breve resumen. Dos relatos nos introducen a la relación de Jacob y Esaú. Después de veinte años de esterilidad, Rebeca finalmente concibió, teniendo un terrible embarazo de gemelos. Los gemelos se peleaban el uno con el otro en el vientre de su madre. Esta batalla desde antes de nacer era sólo el anticipo de una larga vida de luchas entre ellos. Aun en el momento mismo de nacer no estuvieron ausentes las luchas entre ellos; Jacob salió segundo, agarrado del talón de su hermano.

**Pasaje de estudio:** Génesis 25:19-33.

**Versículo para memorizar:** "El que ama a su hermano, permanece en la luz, y en él no hay tropiezo" 1 Juan 2:10.

**Principio bíblico:** Una buena relación con Dios se reflejará en la disposición a mantener una relación sana con sus hermanos.

**Propósito:** Que el alumno comprenda y ponga en práctica el plan de Dios para tener una relación sana con sus hermanos.

Mención aparte merecen sus nombres. El nombre Esaú (rojizo) tenía un significado que iba acorde a sus características físicas, era pelirrojo y velludo. En cambio el nombre de Jacob fue interpretado en términos de su conducta al nacer, siendo su posible significado, "el que se agarra del talón" (a saber, el competidor que agarra y que engaña). Si bien eran gemelos, el carácter de cada uno de ellos se desarrolló en forma diferente. Jacob llegó a ser frío, calculador y hogareño, mientras que Esaú llegó a ser un impetuoso y activo hombre de campo.

Un día, Jacob aprovechó el hambre de su hermano para cambiarle su primogenitura por un plato de lentejas y con ello, los privilegios asignados al primogénito de la familia. Sin duda, la actitud de Jacob fue de muy pocos amigos, pero también podemos ver que Esaú menospreció su primogenitura y a su mismo hermano. La relación que tenían Jacob y Esaú no creció saludablemente; por el contrario, cada acción y actitud los distanciaba día con día.

En la relación de hermanos es normal que por el crecimiento cada personalidad se vaya diferenciando más y más de la otra. Con el paso del tiempo, los intereses cambian, los amigos demandan más tiempo para estar con ellos, en algunos casos los estudios son diferentes, las actividades y horarios son diferentes, los gustos por la comida pueden ser también diferentes, etc. Esto hace que la relación entre hermanos se modifique. Sin embargo, eso no quiere decir que el amor entre hermanos deje de existir o vaya disminuyendo.

Por lo anterior, es importante respetar el espacio de cada uno, pero siempre estar atentos a sus necesidades, cultivando la relación de hermanos, como los amigos que han sido desde pequeños. Sí, porque de alguna manera, los hermanos son los amigos más antiguos. Pero ¡cuidado! así como la amistad, la relación de hermanos debe cuidarse y alimentarse. En el relato de Esaú y Jacob, vemos algunas cosas que no ayudaron a que la relación entre ellos creciera saludablemente. A continuación se describen algunas de ellas:

**A** *Se condicionó la ayuda.* (VV. 29-30) Esaú llegó un día del campo, con mucha hambre, y Jacob estaba cocinando. Entonces, Esaú le pidió a Jacob de su guiso, pero Jacob no lo hizo desinteresadamente sino que buscó la manera de sacar provecho. ¡Y lo logró! Condicionó su ayuda.

**B** *Buscó perjudicar al hermano y beneficiarse a sí mismo* (VV. 31-34). Jacob no sólo le condicionó su ayuda, sino que la condición era en perjuicio de su hermano. Esto significaba quitarle algo que le pertenecía a Esaú. Jacob no entendió que una verdadera relación de hermanos, busca el bien entre ellos y no el mal.

**C** *Menospreció su papel de hermano* (VV. 32). En el tiempo en el que sucedió esta historia, el hecho de que el hijo mayor recibiera la bendición de la primogenitura, tenía un significado muy amplio: El que obtenía la bendición de la primogenitura recibía la mejor parte de la herencia y tendría derecho a ser la autoridad entre la familia. Pero, este privilegio no era con un fin arbitrario; era con el propósito de ser el cuidador de sus hermanos. El papel de protector correspondía al primogénito. Es por eso que al menospreciar Esaú su primogenitura, él estaba diciendo que su hermano no era tan importante como para brindarle ayuda y cuidado.

La Biblia nos dice en Gálatas 6:7, "No os engañéis, Dios no puede ser burlado, todo lo que el hombre sembrare, eso también segará". Jacob y Esaú habían sembrado división y luchas, y no pasó mucho tiempo para que empezaran a cosechar división y pleitos.

**3** Y LA HISTORIA CONTINÚA

Al continuar leyendo la historia (capítulo 27) podemos ver que llegó un momento en que el problema alcanzó su límite máximo. El relato en el que Jacob le robó la bendición a Esaú, al engañar a su padre Isaac, fue simplemente la gota que derramó el vaso. Jacob, asesorado por su mamá, engañó una vez más a Esaú y también a su padre. Tomó ventaja de ambos, y las consecuencias fueron graves.

La relación entre Esaú y Jacob no pudo haber sido peor. Sus problemas eran como una gran avalancha que ni sus padres pudieron parar. Jacob usurpó el lugar de su hermano para recibir la bendición de Isaac, su padre; y Esaú, juró vengarse de Jacob. El odio entre los hermanos se hizo presente en su máxima expresión. La familia entera sufrió las consecuencias: Jacob huyó, Esaú perdió su primogenitura, Rebeca e Isaac sufrieron el abandono de un hijo y la frialdad del otro. La familia se dividió. El cimiento sobre el que habían construido la relación de hermanos no soportó más, y al final, todos resultaron perjudicados.

Esta historia es una advertencia para los hermanos, y nos da algunos consejos más para fortalecer nuestra relación fraternal, veamos:

**A** *Nunca compita con sus hermanos, por el contrario, ayúdense mutuamente.* La vida de Jacob y Esaú fue una constante competencia y al final de la pelea se dieron cuenta de que ninguno ganó, los dos perdieron. Si desde pequeños hubiesen valorado su relación fraternal, y hubiesen estado dispuestos a compartir sus metas y necesidades, no habrían perdido tantos años alejados el uno del otro.

**B** *Nunca intente sacar ventaja de alguna situación, sea honesto y transparente.* Jacob varias veces tomó ventaja de Esaú y éste menospreció y tal vez ignoró a Jacob. Cuando se dieron cuenta que ambos existían, resulta que eran los peores enemigos.

Tanto la vida de Jacob como la de Esaú fueron un martirio. Jacob, vivió por mucho tiempo lejos de su hogar, sin sus padres, trabajando para gente que ahora le engañaba a él, con el peso de conciencia por haber engañado a su hermano. Por el otro lado, Esaú, lamentó haber perdido la bendición de su padre, pero lo que era peor, haber perdido a un hermano, al que nunca valoró.

Fue hasta que Jacob tuvo un encuentro personal con Dios que pudo aceptar los errores que como hermano había cometido. Y aun cuando la Biblia no nos narra de un encuentro especial de Esaú con Dios, podemos especular que debió haber ocurrido en él algo "milagroso" que le hiciera cambiar de una actitud de odio a una de perdón y amor. El abrazo de perdón que entre ellos se dan, es una muestra de lo que Dios quiere y puede hacer en las relaciones familiares.

Jesús resumió toda la ley en dos mandamientos: Amar a Dios y amar al prójimo (esto incluye a los hermanos). Y estos dos mandatos están estrechamente relacionados. La única manera en que realmente podemos cumplir el segundo mandamiento es cuando cumplimos el primero. En otras palabras, sólo cuando recibimos y disfrutamos el amor de Dios, podemos amar a las demás personas con esa clase de amor.

# RESUMEN

Dios desea que en cada una de las relaciones que se dan en la familia reine la felicidad y se cumpla el propósito para el cual fueron establecidas. Por esa razón, Él está dispuesto a ayudar a todos aquellos que de todo corazón desean reestablecer alguna relación que esté en mal estado. La misma historia de Jacob y Esaú nos enseña que Dios da esperanza de sanidad, sin importar cuán deteriorada esté la relación.

El capítulo 33 de Génesis nos da dos consejos finales. Si le ha fallado o lastimado a su(s) hermano(s), pídale(s) perdón de todo corazón. Si su(s) hermano(s) le han lastimado, no guarde rencor, busque la reconciliación; y si su(s) hermano(s) se arrepiente(n) y le pide(n) perdón, no lo dude... ¡perdónele(s)!

Si comparamos el amor de hermanos con una semilla, significa que al nacer la relación, tenemos una semilla que si la regamos y cuidamos todos los días, podemos verla crecer saludablemente y dando frutos que podemos disfrutar. Debemos ser agradecidos por el regalo que Dios nos da, al tener o ser hermano; y pidamos ayuda al Señor para crecer en una relación de hermandad saludable, y si hay algún problema, presentárselo a Dios. Él está atento a escuchar y deseoso de ayudarnos.

## RECURSOS COMPLEMENTARIOS

**Materiales didácticos:**
1. Pizarra u hojas para rotafolio
2. Marcadores o tiza (gis)
3. Biblias
4. Fotocopias de las hojas de actividades
5. Hojas en blanco
6. Lápices o bolígrafos
7. Tarjetas recortadas de la hoja de actividades "Cronología de los hechos"

**Definición de términos:**
**Hermano.** (lat. germanus) Nacido del mismo padre y de la misma madre, o sólo del mismo padre o de la misma madre.

**Dinámica: "¿Conoces a tu hermano?"**
Esta dinámica consiste en lo siguiente: Forme parejas con todos los integrantes del grupo, sin importar el sexo. Que no se quede solo ningún joven, no importa que en algunos casos sea necesario formar algún grupo de tres personas.

Ahora dé la siguiente indicación: "Somos una gran familia, y nos vamos a conocer. Tendremos cinco minutos para hacer la mayor cantidad de preguntas posibles con el propósito de obtener información específica de la otra persona, por ejemplo: nombre completo, color favorito, comida favorita, grado de estudios, profesión, etc.

Una vez que terminen los cinco miutos, cada pareja o trío, deberá responder a preguntas que hagan las otras parejas. Cada pareja deberá contestar una pregunta de las demás. Si acumula dos preguntas incorrectas, perderá y será eliminada (aunque una pareja quede eliminada, puede hacer preguntas). Al final sabremos quiénes son los hermanos que mejor se conocen.

**Información complementaria:**
**I. Bosquejo de la vida de Jacob y Esaú:**
A.Isaac bendice a Jacob (Genesis 27)

- • La petición de Isaac a Esaú
- • Jacob se adelanta y suplanta a Esaú
- • Esaú se entera del engaño
- • Jacob huye de su casa

B. El sueño de Jacob en Betel (28)

C. Jacob llega a casa de Labán (29)

- • Jacob se casa con Lea y después con Raquel (29)
- • Jacob se enriquece (30)
- • Jacob huye de Labán (31)

D. Jacob lucha con el ángel (32)

E. Encuentro de Jacob y Esaú (33)

Una buena relación con Dios se reflejará

### Abriendo la Palabra

Es importante que durante la semana estudie con detenimiento los capítulos 25 al 33 del libro de Génesis. Esto le ayudará a conocer la historia completa de Jacob y Esaú. El pasaje de estudio (Génesis 25:19-33) es sólo el inicio de la historia de los hijos de Isaac y Rebeca.

Ya en el tiempo de la lección, iníciela utilizando la dinámica: "¿Conoces a tu hermano?" que puede encontrar en la sección de recursos complementarios de esta lección.

Una vez finalizada la dinámica, haga la transición al contenido de la lección haciendo la siguiente pregunta: Para ti, ¿qué es un hermano? Compartan las respuestas.

**Respuestas:hoja de Actividades**
**Hermanos de sangre**

### Profundizando en la Palabra

Para iniciar esta etapa de la lección, comparta el punto "1", "¡Yo no los escogí!" posteriormente, asigne a cada adolescente un versículo o más para leer el pasaje de estudio.

Al terminar de leer el pasaje de estudio, comparta el punto "2", "Una historia de nuestros días". Reparta la hoja de actividades, "Hermanos de sangre", permita un tiempo para comparar las respuestas y posteriormente narre una síntesis de la vida de Jacob y Esaú.

Puede usar el bosquejo de la vida de Jacob y Esaú que encontrará en la sección de recursos complementarios de esta lección.

Una vez que expuso a la clase la historia de Jacob y Esaú, comparta el punto "3", "La historia continúa". Es importante que los adolescentes se den cuenta de que lo que siembren en la adolescencia y juventud tendrá consecuencias futuras. Por tal motivo, es importante que ellos decidan cultivar relaciones saludables, de amor y respeto, entre los hermanos.

"EL QUE AMA A SU HERMANO, PERMANECE EN LA LUZ, Y EN EL NO HAY TROPIEZO"
1 JUAN 2:10.

### Aplicando la Palabra

Reparta la hoja de actividades, "El funeral de mi hermano". Invíteles a guardar silencio y a pensar en que van al funeral de sus hermanos, quienes murieron el día de ayer en un accidente automovi-lístico. Comenta: "Caminas lenta-mente y te diriges hacia el ataúd. Pasan muchas cosas por tu mente, momentos divertidos y agradables, otros no tanto. Mientras todas las personas presentes se dirigen con tristeza hacia donde están los cuerpos de tus hermanos, piensas en lo que hubieses querido decirles antes de morir. También piensas en todo lo que te hubiese gustado hacer con ellos, pero que ya no lo pudiste hacer".

Al terminar este ejercicio, invite a los adolescentes a que en el transcurso de la semana compartan y hagan con sus hermanos lo que escribieron en su hoja.

Este es el momento para memorizar 1 Juan 2:10. Posteriormente comparta el resumen de la lección.

Concluyan la lección con una oración de gratitud a Dios por los hermanos. Pida a alguno de los adolescentes que la dirija en voz alta.

**Nota:** Si hay algún adolescente que tiene problemas con sus hermanos busque la oportunidad de hablar con él, orar juntos y buscar una solución.

# La lección para...

### Abriendo la Palabra

Es indispensable que durante la semana estudie con detenimiento los capítulos 25 al 33 del libro de Génesis. Esto le ayudará a conocer la historia completa de Jacob y Esaú. El pasaje de estudio (Génesis 25:19-33) es sólo el inicio de la historia de los hijos de Isaac y Rebeca.

Ya en el tiempo de la lección, inicie repartiendo la hoja de actividades, "Sé todo sobre ti". Esta ayudará a los jóvenes a reflexionar sobre la relación que tienen con sus hermanos. Después de que cada joven haya resuelto individualmente el ejercicio, invíteles a que compartan sus respuestas. Usted dirigirá la sesión de preguntas y respuestas.

Una vez finalizada, pregunte: ¿Qué fue lo más difícil de responder a las preguntas sobre sus hermanos? Compartan las respuestas. Haga la transición al contenido de la lección haciendo la siguiente pregunta: Para ti, ¿qué es un hermano? Compartan las respuestas.

### Profundizando en la Palabra

Para iniciar esta etapa de la lección, comparta el punto "1", "¡Yo no los escogí!". Posteriormente, asigne a cada joven un versículo para leer el pasaje de estudio.

Al terminar de leer el pasaje de estudio, comparta el punto "2", "Una historia de nuestros días". Divida a los participantes en grupos de cinco participantes, el número de grupos dependerá del número de jóvenes. Ahora entregue las tarjetas fotocopiadas de la hoja de actividades, "Cronología de los hechos". Cada grupo deberá ordenar las tarjetas de acuerdo al tiempo en que sucedieron los hechos. Permita un tiempo para comparar el orden que propuso cada equipo y posteriormente narre una síntesis de la vida Jacob y Esaú. Puede usar el bosquejo de la vida de Jacob y Esaú que encontrará en la sección de recursos complementarios de esta lección.

Una vez que expuso la historia de Jacob y Esaú, comparta el punto "3", "La historia continúa". Es importante que los jóvenes se den cuenta de que lo que siembren en la juventud tendrá consecuencias futuras. Por tal motivo, es importante que ellos decidan cultivar relaciones saludables, de amor y respeto, entre los hermanos.

También es importante reconocer que en esta edad, la vida de los hermanos empieza a tomar rumbos diferentes. En algunos casos, la elección de las amistades, el inicio de una relación sentimental, el tener que salir de la casa para estudiar en otro lugar, etc., puede distanciar a los hermanos. Ayude a los jóvenes a comprender que estas diferencias son normales en la vida del ser humano.

### Aplicando la Palabra

Reparta la hoja de actividades, "El funeral de mi hermano". Invíteles a guardar silencio y a pensar en que van al funeral de sus hermanos, quienes murieron el día de ayer en un accidente automovilístico.

Comente: "Caminas lentamente y te diriges hacia el ataúd. Pasan muchas cosas por tu mente, momentos divertidos y agradables, otros no tanto. Mientras las personas se dirigen con tristeza hacia donde están los cuerpos de tus hermanos, piensas en lo que hubieses querido decirles antes de que murieran. También piensas en todo lo que te hubiese gustado hacer con ellos, pero que no lo pudiste hacer".

Al terminar este ejercicio, invite a los jóvenes a que en el transcurso de la semana compartan y hagan con sus hermanos lo que escribieron en su hoja.

Este es el momento para memorizar 1 Juan 2:10. Posteriormente comparta el resumen de la lección. Concluyan la lección con una oración de gratitud a Dios por los hermanos.

**Nota:** Si hay algún joven que tiene problemas con sus hermanos busque la oportunidad de hablar con él, orar juntos y buscar una solución.

*"El que ama a su hermano, permanece en la luz, y en él no hay tropiezo"*
*1 Juan 2:10.*

# La lección para...

### Abriendo la Palabra

Es indispensable que durante la semana estudie con detenimiento los capítulos 25 al 33 del libro de Génesis. Esto le ayudará a conocer la historia completa de Jacob y Esaú. El pasaje de estudio (Génesis 25:19-33) es sólo el inicio de la historia de los hijos de Isaac y Rebeca.

Ya en el tiempo de la clase, entregue una hoja en blanco a cada participante. La hoja la dividirán en dos columnas, en una de ellas escribirán las cosas que tienen en común con sus hermanos (les gusta la misma comida, estudian la misma carrera, se prestan la ropa y los zapatos, son simpatizantes del mismo equipo de fútbol, etc.) y en la otra, las diferencias que hay entre ellos. Después de un tiempo en que cada joven trabajó individualmente, invíteles a que compartan sus respuestas.

Una vez finalizada la dinámica, pregunte: ¿Alguna vez han hablado con sus hermanos acerca de las similitudes y diferencias que hay entre ustedes? Compartan las respuestas. Haga la transición al contenido de la lección compartiendo la introducción de la lección y haciendo la siguiente pregunta: ¿Cómo definirían la palabra hermano? Permita un tiempo de diálogo, sin dar aún conclusiones.

### Profundizando en la Palabra

Ahora comparta el punto "1", "¡Yo no los escogí!". Posteriormente lean el pasaje de estudio (Génesis 25:19-33). Al terminar de leer el pasaje, comparta el punto "2", "Una historia de nuestros días".

Divida a los participantes en grupos de cinco participantes, el número de grupos dependerá del número de jóvenes. Ahora entregue las tarjetas fotocopiadas de la hoja de actividades, "Cronología de los hechos". Cada grupo deberá ordenar las tarjetas de acuerdo al tiempo en que sucedieron los hechos. Permita un tiempo para comparar el orden que propuso cada equipo y posteriormente narre una síntesis de la vida Jacob y Esaú. Puede usar el bosquejo de Jacob y Esaú que econtrará en la sección de recursos complementarios de esta lección.

Una vez que expuso la historia de Jacob y Esaú, comparta el punto "3", "La historia continúa". Es importante que los jóvenes se den cuenta de que lo que siembren en la juventud tendrá consecuencias futuras. Por tal motivo, es importante que ellos decidan cultivar una relación con sus hermanos, saludable, de amor y de respeto.

### Aplicando la Palabra

Este es el momento para memorizar 1 Juan 2:10. Posteriormente comparta el resumen de la lección.

Ya casi para finalizar, comente que en esta lección se ha estudiado el caso de Jacob y Esaú. Y como se estudió en el pasaje bíblico, ellos tuvieron conflictos como todos los hermanos; lo lamentable fue, que dejaron pasar mucho tiempo para resolver sus diferencias. Esto los privó de muchas oportunidades en que pudieron ayudarse mutuamente, en que pudieron estar juntos con sus padres, y tantas otras más.

Tomando como referencia esta situación, haga las siguientes preguntas:

1. ¿Recuerdan cuál fue el problema o discusión más grave que tuvieron con su(s) hermano(s)?
2. ¿Qué hicieron para resolver el problema?

Motive a los jóvenes a compartir sus experiencias.

Concluyan la lección con una oración de gratitud a Dios por los hermanos y pidiéndole ayuda para mantener una relación saludable. Si hay algún joven que tiene problemas con sus hermanos busque la oportunidad de hablar con él, orar juntos y buscar una solución.

*"El que ama a su hermano, permanece en la luz, y en él no hay tropiezo"*
*1 Juan 2:10.*

# HOJA DE ACTIVIDADES

*"El que ama a su hermano, permanece en la luz, y en él no hay tropiezo"* 1 Juan 2:10.

## ¡Sé todo sobre ti!

A veces vivimos en una misma casa pero sabemos tan poco de nuestra familia que pareciéramos extraños compartiendo una misma vivienda. A continuación encontrarás una serie de preguntas, contéstalas lo más rápido posible. Si tienes más de un hermano, contesta por cada uno de ellos.

¿Cuál es su nombre? _____

¿Cuál es su comida favorita? _____

¿Cuál es su color favorito? _____

¿Qué animal es su mascota favorita? _____

¿Cuántos años tiene? _____

¿Cuál es su fecha de nacimiento? _____

¿Practica algún deporte? _____

¿Cuál es su programa de televisión favorito? _____

¿Le gusta leer? Si es así, ¿cuál fue el último libro que leyó? _____

Tu hermana(o) acaba de llegar de la escuela y se da cuenta que te pusiste su suéter preferido. ¿Cuál sería su primera reacción? _____

Es el cumpleaños de tu hermano(a), ¿qué crees que le gustaría que le regalaras? _____

******Al llegar a casa, comprueba tus respuestas.

# HOJA DE ACTIVIDADES

# EL FUNERAL
## DE MI HERMANO

**Lo que me hubiese gustado decirle a mi(s) hermano(s):**

1.
2.
3.
4.
5.
6.
7.
8.
9.
10.

**Lo que me hubiese gustado realizar con mi(s) hermano(s):**

1.
2.
3.
4.
5.
6.
7.
8.
9.
10.

*"El que ama a su hermano, permanece en la luz, y en él no hay tropiezo"*
*1 Juan 2:10.*

# HOJA DE ACTIVIDADES

# HERMANOS DE SANGRE

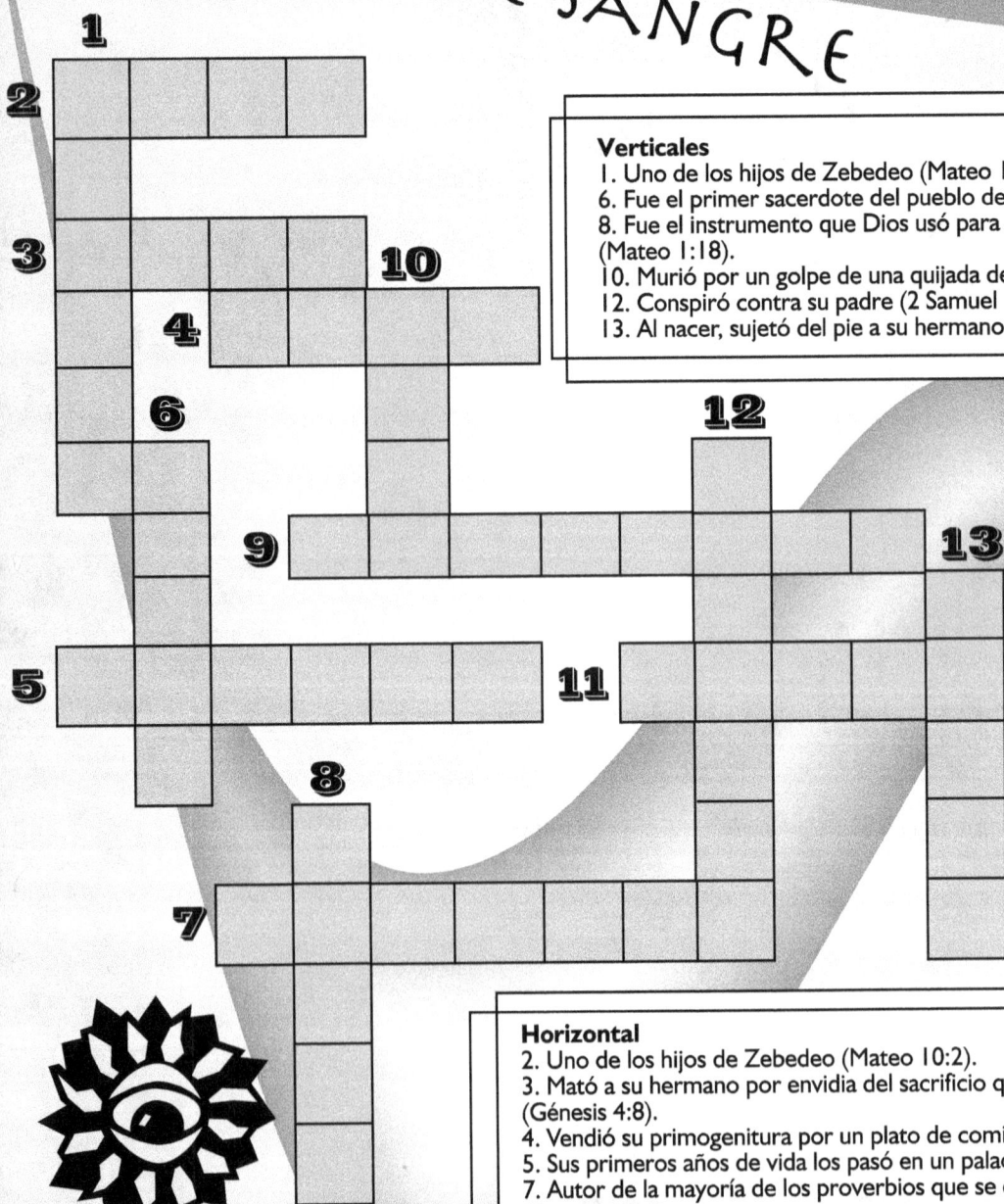

**Verticales**
1. Uno de los hijos de Zebedeo (Mateo 10:2)
6. Fue el primer sacerdote del pueblo de Israel (Éxodo 28:1)
8. Fue el instrumento que Dios usó para el nacimiento de Jesús (Mateo 1:18).
10. Murió por un golpe de una quijada de asno (Génesis 4:8)
12. Conspiró contra su padre (2 Samuel 15)
13. Al nacer, sujetó del pie a su hermano gemelo (Génesis 25)

*"El que ama a su hermano, permanece en la luz, y en él no hay tropiezo"*
*1 Juan 2:10.*

**Horizontal**
2. Uno de los hijos de Zebedeo (Mateo 10:2).
3. Mató a su hermano por envidia del sacrificio que éste ofreció (Génesis 4:8).
4. Vendió su primogenitura por un plato de comida (Génesis 25:33).
5. Sus primeros años de vida los pasó en un palacio real (Éxodo 2)
7. Autor de la mayoría de los proverbios que se encuentran en la Biblia (Proverbios 1)
9. Madre de Juan el Bautista (Lucas 1:39-45)
10. Después de que el pueblo de Israel cruzó el mar rojo, cantó y danzó (Éxodo 15:20).

# HOJA DE ACTIVIDADES

# Cronología
# de los hechos

Jacob se adelanta y suplanta a Esaú

Isaac bendice a Jacob

La petición de Isaac a Esaú

Jacob lucha con el ángel

Jacob en la casa de Labán

Jacob se enriquece

Jacob huye de Labán

Encuentro de Jacob y Esaú

Esaú se entera del engaño

Jacob huye de su casa

El sueño de Jacob en Betel

"El que ama a su hermano, permanece en la luz, y en él no hay tropiezo"
1 Juan 2:10.

Jacob se casa con Lea y después con Raquel

# 12

# Por una vida mejor

Gustavo Aguilar Chacón

## → DESARROLLO DE LA LECCIÓN

### INTRODUCCIÓN

¿A dónde quiero llegar? ¿Qué clase de persona quiero ser? ¿Tengo intereses superficiales o profundos? ¿Con quién me casaré? ¿Qué le dejaré a mis seres queridos? Estas son algunas preguntas que todos nos hemos hecho, o que algún día nos haremos.

La adolescencia y la juventud son las etapas de la vida en la que estas preguntas nos llegan a quitar el sueño, y en algunos casos nos crean grandes problemas. Es por eso que muchos adolescentes prefieren evitar estas preguntas el mayor tiempo posible, pero tarde o temprano tendrán que responderlas.

Ya de por sí es bastante difícil tomar las decisiones correctas respecto a nuestro futuro, ¿pero qué sucede si una vez que tomamos las decisiones, todo cambia radicalmente? Nos mudamos de casa, se presenta una catástrofe natural, nuestro país está en guerra, mueren nuestros seres queridos, perdemos el trabajo, etc.

En la Biblia encontramos pautas acerca de cómo planear nuestro futuro, permitiendo que sea Dios quien tome el control de nuestra vida, no importa cuál sea la situación. Y para este fin, estudiaremos la vida de Daniel.

### ❚ TOMAR LA INICIATIVA

¿Cómo se sentiría y qué haría, si de repente en el país en el que vive se da una invasión de parte de otro país y el presidente del país invasor decide llevarse a todos aquellos jóvenes menores de 30 años? No quiero asustarlo, pero ese fue el caso de Daniel.

En el momento en que Daniel aparece en la historia bíblica era aún un muchacho (aunque con exactitud no sabemos su edad). Y a pesar de su corta edad, Daniel es un ejemplo a seguir para cualquier persona.

El país al que Daniel fue trasladado tenía costumbres muy diferentes, como la comida, el idioma y las leyes que se debían respetar. Su país natal prácticamente debía quedar en el olvido. De hecho, tenía una nueva nacionalidad, debía aprender un nuevo idioma, tenía una nueva familia y hasta su nombre fue cambiado.

Todo eso fue lo que le pasó a Daniel y a sus amigos. De alguna manera, ellos ya habían decidido lo que querían ser y estaban trabajando para conseguir sus metas, pero ahora se presenta una oportunidad (obligados por las circunstancias) para redefinir su proyecto de vida.

Daniel y sus amigos, junto con otros muchachos judíos, recibirían ciertos privilegios que otros judíos deportados no recibirían, como era la educación babilónica y la comida y el vino que se servían en el palacio del rey. No obstante todos los privilegios que Daniel tenía, él decidió seguir el mismo camino que ya había decidido años atrás. Daniel (v.8) propuso en su corazón no contaminarse, ni con la comida, ni con el vino del rey.

Puede ser que Daniel pensara que al participar de la comida y el vino real, las costumbres y tradiciones

**Pasaje de estudio:** Daniel 1.

**Versículo para memorizar:** "Y Daniel propuso en su corazón no contaminarse..." Daniel 1:8a.

**Principio bíblico:** Dios tiene un plan concreto para nosotros, que incluye el pasado, el presente y el futuro.

**Propósito:** El joven aprenderá que el recibir el amor de Dios en nuestra vida, incluye aceptar los planes que Él tiene para nosotros como sus siervos.

de la cultura babilónica lo envolvieran poco a poco, de tal manera que tarde o temprano ya no pudiera o no quisiera salirse de ella. Por eso, Daniel y sus amigos decidieron hacer una dieta vegetariana (v.16).

Es de resaltar que Daniel decidió correr un riesgo muy grande con tal de mantener su rumbo fijo. Para Aspenaz (jefe de los eunucos) y para muchos más, Daniel y sus amigos se enfermarían por no comer. Daniel creyó que el futuro que tenía en mente valía la pena, aun cuando esto significara tener que abstenerse de ciertas cosas.

Al leer esta historia viene a mi mente una pregunta que vale un millón de dólares: **¿Qué estoy haciendo por mi vida?** La decisión de Daniel y sus amigos tendría repercusiones directas en su futuro. ¿Qué estamos haciendo por nuestro futuro? Es imperativo que desde ya empecemos a tomar la iniciativa en nuestras vidas.

## 2 | FIDELIDAD RECOMPENSADA

Como hijo de Dios, Daniel es un ejemplo de fidelidad. Los principios de amor y fidelidad a un Dios único, que estos cuatro muchachos habían recibido de sus familias, eran más firmes que nunca por las circunstancias que estaban atravesando.

Dios hizo que Daniel le cayera bien a Aspenaz, aparte de que después de haber terminado los diez días de la prueba, Dios había nutrido físicamente a estos fieles muchachos (v.15). Dios también les dio inteligencia y sabiduría para entender toda clase de libros y ciencias. Además de que a Daniel, Dios le dio la capacidad de entender visiones y sueños. ¡En toda Babilonia no había otros muchachos como estos cuatro!

Daniel tomó la iniciativa de su vida, sin esperar que alguien tomara las decisiones por él, esto le trajo una bendición muy especial. Pero ¡cuidado! Tomar la iniciativa, sólo por tomarla, sin tener presente a Dios en los planes de la vida que Él mismo nos ha dado, es pecado.

Una amiga me dijo una vez: "Si no hacemos la voluntad de Dios, puede ser que aparentemente nos vaya bien; sin embargo, tarde o temprano, nuestras decisiones tendrán consecuencias desastrosas. Por el contrario, si hacemos la voluntad de Dios, aunque muchas veces las cosas aparentemente no marchen del todo bien, Dios promete que Él nos recompensará".

Como jóvenes debemos comprender que Dios, como Señor de la vida que Él nos ha dado, tiene planes muy específicos para nosotros. Si nosotros lo hemos aceptado como Señor y Salvador, entonces debemos aceptar sus planes, porque la voluntad de Dios es buena, agradable y perfecta (Romanos12:2b). Jesús fue claro en su mensaje: "...pues sin mí ustedes no pueden hacer nada".

Una vez que hemos visto lo vital que es que Dios esté presente y tenga el control en todas nuestras decisiones, valdría la pena hacernos la siguiente pregunta: Hasta este día, ¿qué lugar ha ocupado Dios en la planeación de mi vida?

## 3 | VIDA DISCIPLINADA

Si algo caracterizó la vida de Daniel desde su juventud hasta su vida adulta, fue su devoción. Podemos afirmar que Daniel era un hombre disciplinado, característica que se veía reflejada en su vida espiritual. Algunos ejemplos: Daniel 2:18; 6:10; 9:3-23 y 10:12. Esto nos enseña que, si desde jóvenes empezamos a trabajar disciplinadamente en todas las áreas de la vida, hay grandes probabilidades de que nuestro futuro sea ordenado.

Y, ¿cómo puedo ser disciplinado? Esta es una buena pregunta; frecuentemente confundimos disciplina con castigo, pero no es así. La disciplina es guiar tu vida por principios y reglas; y si estos principios son bíblicos, tu futuro no sólo será ordenado, sino feliz y bendecido.

Debemos ser disciplinados en la lectura diaria de la Biblia, así como de libros que nos edifiquen; disciplinados en cuanto a las horas que pasamos frente al televisor y la computadora; disciplinados en cuanto a lo que comemos y en qué cantidades; disciplinados en el ejercicio físico; disciplinados en el estudio; y disciplinados en la práctica de todos los hábitos espirituales.

## RESUMEN

En la juventud queremos comernos el mundo de un solo bocado. Vamos con el anhelo de alcanzar nuestras metas mirando a lo lejos, sin saber que el logro de ellas está tan cerca de nosotros. Desde luego, esto lleva tiempo porque significa dar pasos pequeños pero firmes, en vez de correr desesperados, sin valorar lo que tenemos a nuestro lado.

Cuando comprendemos que la vida es un regalo de Dios, el cual debemos cuidar y disfrutar, entonces podemos escuchar al Señor decirnos: "¡Sabía que lograrías dar ese paso! Ahora, sigamos adelante, no olvides que yo estoy contigo. ¡Esfuérzate y sé valiente!"

Daniel y sus amigos propusieron en su corazón no contaminarse y aceptar la voluntad de Dios para su vida, a pesar de los riesgos que esto implicaba. La recompensa de esta decisión fue una vida bendecida que bendijo a otras personas.

**Materiales didácticos:**
1. Biblias
2. Hojas de papel periódico
3. Marcadores para escribir en las hojas de papel periódico
4. Cinta adhesiva
5. Un cesto de basura
6. Lápices o bolígrafos
7. Sobres en blanco
8. Fotocopias de las hojas de actividades

**Información complementaria:**
**Daniel.** Nombre que significa Dios es mi Juez, es el cuarto de los profetas "mayores". Este profeta era israelita de ascendencia real (Daniel 1:3). Fue llevado cautivo a Babilonia por Nabucodonosor en el tercer año del reinado de Joacim y, con varios compañeros, fue preparado para el servicio del rey (Daniel 1:1-6). Siguiendo la costumbre de aquellos tiempos, le fue dado (v. 7) el nombre babilonio de Beltsasar. Fue conocido por la capacidad de interpretar las visiones de otros hombres (caps. 2-5) y luego de las suyas propias, en las cuales predijo el triunfo futuro del reino mesiánico (caps. 7-12). Daniel como ejemplo de fidelidad a Dios, por la gracia de Dios, ocupó con éxito altos cargos en los gobiernos de Nabucodonosor, Belsasar y Darío. La última visión de la cual se han registrado los detalles fue en la ribera del río Tigris en el tercer año del reinado de Ciro.

**Corazón.** Este término se emplea con referencia a la parte central de las cosas (Mateo 12:40); la raíz de la palabra hebrea, que es oscura, quizá signifique centro. Hay tres referencias claras con relación al corazón como órgano físico: I Samuel 25.37; 2 Samuel 18:14 y 2 Reyes 9:24.
El pensamiento hebreo presenta una falta de definición fisiológica precisa con respecto a los órganos internos. En el Salmo 104:15, por ejemplo, lo que se come y bebe afecta el "corazón", y aun cuando esto puede no ser cierto en sentido fisiológico preciso, por cierto que lo es en la experiencia, si se considera que la palabra "corazón" significa, como se sugiere abajo, el hombre interior, en sentido amplio.

Los hebreos tratan al hombre completo, con todos sus atributos, físicos, intelectuales, y psicológicos, en el cual pensaba y del cual hablaba el hebreo, y el corazón se concebía como el centro que lo gobernaba todo. Es el corazón el que hace que el hombre, o la bestia, sea lo que es, y el que gobierna todas sus acciones (Proverbios 4:23). El carácter, la personalidad, la voluntad, la mente, son términos modernos que reflejan todos algo del significado del término "corazón" en su uso bíblico.

Bíblicamente no hay indicios de que el cerebro sea el centro del estado consciente, del pensamiento, o de la voluntad. Es el corazón el que ocupa este lugar, y si bien también se usa en relación con las emociones, más frecuentemente son los órganos inferiores, en la medida en que se los distingue, los que se relacionan con las emociones, como por ejemplo las entrañas.

Hoy hablamos de la amígdala como el centinela emocional, de la neocorteza como el gerente emocional, la neocorteza está funcionando cuando por causa de una pérdida nos ponemos tristes, o cuando nos ponemos felices después haber obtenido un logro, o reflexionamos sobre algo que alguien ha dicho o hecho y luego nos sentimos heridos o furiosos. En comparación a estos términos modernos, es cierto que la Biblia coloca el asiento de lo psicológico en un nivel anatómico inferior. La palabra "mente" posiblemente sea el término moderno que más se acerca al uso bíblico de la palabra "corazón" y muchos pasajes en versiones posteriores a la Reina Valera de 1960, por ejemplo, se traducen así (p. ej. Proverbios 16:23; Eclesiastés 1:17). "Corazón" es, un término más amplio y la Biblia no distingue los procesos racionales o mentales en la forma en que lo hace la filosofía griega.

Poema: "La oración de una estudiante"

Enséñame a buscar el éxito; preséntame desafíos.
Permite que la fantasía se haga realidad.
Permite que mi pozo de conocimiento se haga profundo
Desarrolla esta mente que siempre tendré.
Dame instrucciones y facilítame los medios que me permitan ver que el camino no es lo que aparenta.
Dame seguridad y déjame creer que con perseverancia alcanzaré mis sueños.
Quiero probar que ninguna meta está fuera de mi alcance.
Enséñame la dirección correcta, yo la seguiré.
Déjame disolver toda frontera mental para que pueda alcanza la victoria.
Presióname más allá de los extremos.
Haz todo esto y me ayudarás a alcanzar mis sueños.

*Melissa Ann Broeckelman*

# La lección para...

## Abriendo la Palabra

Quizá para muchos adolescentes la pregunta qué será de su vida no es tan fácil de responder. Una de las razones es porque hasta ahora, a la mayoría de los adolescentes sus padres les han provisto de lo necesario para vivir, así que ellos no tienen más preocupaciones de qué pantalón usarán, qué zapatos les combinan con su falda, etc. Sin embargo, la mayoría puede relacionar esta pregunta con la profesión u oficio que desean realizar cuando sean adultos. De hecho, muchos cuando fuimos niños soñamos con ser un famoso doctor, deportista, policía, etc.

Haga con ellos la dinámica, "Oficios" que usted podra encontrar en la sección de recursos complementarios otra variante de la dinámica anterior es que divida en dos grupos a los adolescentes. Prepare tarjetas en las que cada una tenga escrita una profesión. Un voluntario de cada equipo pasará a escoger una tarjeta al azar y a representar la profesión que esté escrita en ella (uno a la vez), mientras el resto del equipo intenta adivinar qué profesión es. Ganará el equipo que acumule más respuestas correctas.

Una vez que realizaron la dinámica, pregúnteles: ¿Cuáles son los planes que tienen para el futuro? Una vez que todos hayan contestado, pregúnteles, sin que ellos tengan que decir al resto del grupo su respuesta: ¿Dios sabe los planes que tienes para tu futuro? (Es muy probable que después de haber hecho esta pregunta el silencio reine en su clase). Exponga la introducción a la lección y posteriormente pídales que lean en silencio Daniel 1.

## Profundizando en la Palabra

Despúes de leer en silencio, asigne a cada joven al menos un versículo para leer en voz alta. Una vez que leyeron el pasaje comparta el punto "1", "Tomar la iniciativa". Utilice la información complementaria para conocer un poco más acerca de la vida de Daniel.

Pregunte a los adolescentes, ¿cuál fue la participación de Dios en las decisiones que hicieron en esta semana? Ayúdeles dando algún ejemplo, como el siguiente: "En esta semana me invitaron a un juego de fútbol, el mismo día y a la misma hora en que teníamos la reunión de jóvenes. Me costó mucho trabajo, pero decidí venir a la reunión, en lugar de ir a jugar". Una vez que la mayoría compartió su respuesta, exponga el punto "1" ,"Fidelidad recompensada".

Reparta la hoja de actividades, "Mide tu tiempo". Esta actividad servirá de introducción para desarrollar el punto "3", "Vida disciplinada".

## Aplicandola Palabra

Tome su tiempo para realizar un repaso de los tres principios que aplicó Daniel en su vida: 1) Tomar la iniciativa 2) Fidelidad 3) Vida disciplinada.

Este es el momento preciso para memorizar el texto que se encuentra en Daniel 1:8a. Es muy corto así que pida que cada uno lo diga de memoria. Posteriormente comparta el resumen de la lección.

Para finalizar entregue la hoja de actividades, "Acepto tu voluntad". Esta hoja simboliza el compromiso con Dios para hacer su voluntad, independientemente de cuál sea ésta.

> "Y Daniel propuso en su corazón no contaminarse..." Daniel 1:8a.

# La lección para...

### Abriendo la Palabra

Comience la reunión entregando la hoja de actividades "Inventario de mi vida". Estas preguntas servirán de generador para empezar a hablar del futuro y la importancia de lo que hagamos en el presente para que nuestros planes se conviertan en realidad. La premisa es: Un viaje de un millón de kilómetros, comienza con un paso. Lo anterior es importante comprenderlo, ya que esta es la edad en que los jóvenes empiezan a soñar con hacer cosas grandes.

Intercambien comentarios respecto a las respuestas al ejercicio, pregúnteles: ¿Le han contado a Dios los planes que tienen para su futuro? No hay necesidad de esperar respuestas en voz alta, sólo es para reflexión personal. Ahora, exponga la introducción de la lección.

### Profundizando en la Palabra

Invite a algunos jóvenes a que le ayuden a dramatizar el capítulo 1 de Daniel; los personajes a representar son: Daniel, los tres amigos de Daniel, Azpenas y el Rey. Una vez que leyeron el pasaje comparta el punto "1" de la lección, "Tomar la iniciativa". Utilice la información complementaria para darle a conocer al grupo un poco más acerca de la vida de Daniel.

Pregunte a los jóvenes, ¿cuál fue la participación de Dios en las decisiones que hicieron en esta semana? Ayúdeles dando algún ejemplo, como el siguiente: "En esta semana me invitaron a un juego de fútbol, el mismo día y a la misma hora en que teníamos la reunión de jóvenes. Fue muy difícil escoger, pero decidí venir a la reunión en lugar de ir a jugar". Una vez que la mayoría compartió su respuesta, exponga el contenido del punto "2", "Fidelidad".

Desarrolle el punto "3", "Vida disciplinada". Utilice la hoja de actividades, "Cada minuto de mi vida", para desarrollar un programa personal de actividades que ayude a los jóvenes a mantener una vida disciplinada. Este es sólo un modelo que les servirá de guía para que cada día planifiquen sus actividades.

### Aplicando la Palabra

Repasen los tres principios que aplicó Daniel en su vida: 1) Tomar la iniciativa, 2) Fidelidad, 3) Vida disciplinada. Pida a los jóvenes que expliquen en qué consiste cada principio.

Ahora memoricen el texto que se encuentra en Daniel 1:8a. Es muy corto, así que pida que cada uno lo diga en voz alta. Posteriormente comparta el resumen de la lección.

Para finalizar, entregue la hoja de actividades "Acepto tu voluntad". Esta hoja simboliza el compromiso con Dios para hacer su voluntad, independientemente de cuál sea ésta.

"Y DANIEL PROPUSO EN SU CORAZÓN NO CONTAMINARSE..." DANIEL 1:8A.

# La lección para...

### Abriendo la Palabra

De inicio, pregunte a los jóvenes qué es lo que ellos pensaban de niños acerca de su futuro. ¿Qué soñaban ser? ¿Qué tanto han cambiado los planes originales? En esta etapa de la vida es importante hacer una evaluación de qué tanto se están cumpliendo las metas que años atrás los jóvenes se propusieron alcanzar.

Permita que los jóvenes intercambien comentarios respecto a las preguntas anteriores. Ahora pregunte, "¿le han contado a Dios los planes que tienen para su futuro?". No hay necesidad de esperar respuestas en voz alta, sólo es para reflexión personal. Ahora, exponga la introducción de la lección.

### Profundizando en la Palabra

Lean el capítulo 1 de Daniel. Una vez que leyeron el pasaje comparta el punto "1" de la lección, "Tomar la iniciativa". Utilice la "información complementaria" para darle a conocer al grupo un poco más acerca de la vida de Daniel. Este punto lo pueden aplicar a sus vidas haciendo una versión moderna de Daniel.

Entregue una pequeña hoja en blanco para que los jóvenes respondan a la siguiente situación: Suponiendo que el país fue invadido por una potencia mundial, y ustedes han sido llevados cautivos a otro país. Ahora, las autoridades del país invasor les han dado la oportunidad de continuar su vida como normalmente lo hacían (sólo que en otro país), o de rehacerla. ¿Qué escogerían? De decidir rehacerla, ¿qué cosas cambiarían de su vida actual? ¿Escogerían estudiar otra carrera o dedicarse a otra profesión diferente a la actual? Dé tiempo suficiente para que escriban y compartan las respuestas unos con otros.

Desarrolle el punto "2", "Fidelidad recompensada", enfatizando en que Daniel tomó la decisión de mantenerse fiel a Dios, a pesar de que las circunstancias cambiaron radicalmente. Ahora comparta el punto "3", "Vida disciplinada". Utilice la hoja de actividades, "Cada minuto de mi vida", para desarrollar un programa personal de actividades que ayude a los jóvenes a mantener una vida disciplinada. Este es sólo un modelo que les servirá de guía para que cada día planifiquen sus actividades.

### Aplicando la Palabra

Lea a los jóvenes el poema "La oración de un estudiante". Motívelos a que den algunos comentarios al respecto. Después, repasen los tres principios que aplicó Daniel en su vida: 1) Tomar la iniciativa, 2) Fidelidad, 3) Vida disciplinada. Pida a los jóvenes que expliquen en qué consiste cada principio.

Ahora memoricen el texto que se encuentra en Daniel 1:8a. Posteriormente comparta el resumen de la lección y pida a los jóvenes que respondan, "tomando como referencias los tres principios de la vida de Daniel, ¿qué ajustes harían en su vida?"

Para finalizar, entregue la hoja de actividades "Acepto tu voluntad". Esta hoja simboliza el compromiso con Dios para hacer su voluntad, en toda circunstancia.

"Y Daniel propuso en su corazón no contaminarse..."
Daniel 1:8a.

121

# HOJA DE ACTIVIDADES

## ACEPTO TU VOLUNTAD

*Y Daniel propuso en su corazón no contaminarse..." Daniel 1:8a*

**Contrato**                                   hecho el ___ de _____ de 200_.

De: _____

A: El Señor.

*Me comprometo delante de Dios y de las personas firmantes al final de este documento a:*

*Aceptar totalmente la voluntad de Dios en mi vida, reconociendo que la misma siempre va a ser perfecta y agradable para mí y como paso de fe ante Dios, dejo éste espacio en blanco para que Él escriba lo que quiere para mí.*

*Testigos que me ayudarán a aceptar la voluntad de Dios en la vida que Él me ha dado:*

*Firma del que remite este documento a Dios:*

_____        _____

_____

# HOJA DE ACTIVIDADES

## Mide tu Vida

¿Cuántas horas ves T.V. en un día?

Menciona 10 programas de T.V. que hayas visto o actualmente ves.

¿Cuál es tu película favorita?

Menciona el actor o la actriz principal de dicha película.

¿Cuál es tu emisora de radio preferida?

Canta en voz alta una estrofa de tu canción favorita.

Menciona el nombre de por lo menos 10 grupos musicales o solistas no cristianos.

¿Cuándo fue la última vez que llamaste a un (a) amigo (a) para decirle que estabas orando por él o ella?

¿Cuándo fue la última vez que lloraste con un amigo o una amiga?

¿Cuándo fue la última vez que te hiciste una revisión general con un médico?

¿Cuándo fue la última vez que ayunaste?

Menciona de memoria (sin fallar) diez de los versículos de la Biblia más significativos para tu vida.

¿Alguna vez oraste para que la carrera que estás estudiando sea usada por Dios en lo que Él quiera y se transforme en un ministerio en tu vida?

¿Cuánto tiempo ha sido el período más largo de oración que has hecho?

¿Cuál fue la última petición que Dios contestó en tu vida?

¿Has orado ante Dios por tu familia?

¿Cuál fue la última ayuda que le brindaste a alguien "desconocido"?

¿Cuándo fue la última vez que le hablaste a un (a) amigo (a) no cristiano acerca de Jesús?

¿Has dicho alguna vez: Dios, acepto tu voluntad cualquiera que sea?

¿Tienes claro el llamado de Dios para tu vida?

*"Y Daniel propuso en su corazón no contaminarse…" Daniel 1:8a.*

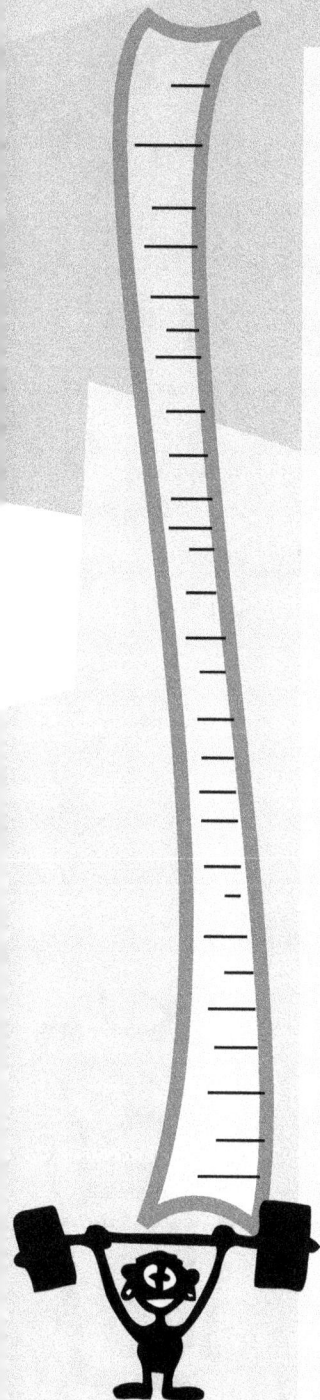

# Inventario de mi Vida

*"Y Daniel propuso en su corazón no contaminarse..." Daniel 1:8a.*

Escribe las respuestas a las siguientes preguntas:

**1** ¿Cuáles son las cosas, acontecimientos y actividades que más disfruto?

**2** ¿Qué habilidades tengo?

**3** ¿Quiénes son las personas más importantes para mí?

**4** ¿Qué habilidades o talentos tengo sin desarrollar o que no he aprovechado al máximo?

**5** ¿Qué actitudes o prácticas debo dejar de hacer?

**6** ¿Cómo puedo ayudar a los demás?

**7** ¿Cómo estoy sirviendo o me gustaría servir en la iglesia?

**8** En un futuro, ¿a qué me gustaría dedicarme?

**9** ¿A qué edad me gustaría casarme? ¿Cuántos hijos me gustaría tener?

**10** En un corto plazo, ¿qué metas debo alcanzar? ¿Cuál de ellas es el más importante?

# HOJA DE ACTIVIDADES

Revista Jóvenes de Discipulado # 2 - Por una vida mejor

## Cada minuto de mi vida

| Hora | Actividad |
|------|-----------|
| a.m. | Levantarme |
| a.m. | Devocional Personal |
|  |  |
|  |  |
|  |  |
|  |  |
|  |  |
|  |  |
|  |  |
|  |  |
|  |  |
|  |  |
|  |  |
|  |  |
|  |  |

"Y Daniel propuso en su corazón no contaminarse..." Daniel 1:8a.

# 13

# El sabor de lo oculto puede ser amargo

Abner García

## DESARROLLO DE LA LECCIÓN

### INTRODUCCIÓN

Imagínese por un momento que está en un cuarto totalmente oscuro, pero además tiene los ojos vendados. Prácticamente su visibilidad es cero. Pasa un minuto y no hay problema; pero conforme pasa el tiempo, usted empieza a ponerse intranquilo. Pasan las horas y ya no es simplemente intranquilidad sino ¡desesperación! Y por esta desesperación de no ver lo que le rodea y sentirse solo, decide caminar buscando la puerta del cuarto. Al intentar encontrar la salida se golpea una y otra vez sin obtener ningún éxito.

¿Usted cree que esto es sólo su imaginación? Permítame decirle que no sólo es imaginación, es la realidad de muchas personas que se han dejado llevar por la astrología, la nueva era, el ocultismo y otras corrientes filosóficas. Las personas que están envueltas en todas estas prácticas, se dejan guiar por predicciones aparentemente agradables y creíbles. Sin embargo, no se dan cuenta de que están siendo engañadas y a final de cuentas, destruidas poco a poco.

En esta lección veremos cómo la astrología presiona tanto a la juventud, que en el afán de conocer lo que les depara el futuro rigen su vida por lo que dice el horóscopo y otras prácticas ocultistas.

## 1. ¿QUÉ ES LA ASTROLOGÍA?

La astrología es una antigua práctica de carácter supersticioso consistente en predecir el porvenir por la posición de los astros. La astrología también sostiene poseer la capacidad de predecir el carácter y el destino humano. Ello se realiza por medio de horóscopos que se basan en la configuración de los cuerpos celestes en el momento del nacimiento de la persona.

La observación de los cielos en búsqueda de claves que permitiesen planificar la actividad humana es muy antigua. Las observaciones astronómicas y meteorológicas poseían indudable valor práctico. Sin embargo, pronto se mezclaron con ideas mágicas acerca de la influencia de los astros sobre los acontecimientos terrenales, campo específico de la astrología. La búsqueda de una respuesta a lo sobrenatural y divino era parte del quehacer de nuestros antecesores y en la realidad humana esa búsqueda ha sido algo universal y atractiva.

Pueblos tan antiguos como los mayas, los chinos, los babilonios, los egipcios y años más tarde, los griegos y los romanos desarrollaron teorías astrológicas. La fuerza divina se plasmaba de diversas formas:

A. Como luz y fuerza de vida, centrada en el Sol.

B. Como fertilidad y poder, ubicada en la Tierra.

C. Como sabiduría y poder de los dirigentes terrenales, reflejada en ciertas criaturas como las serpientes, las ranas, el jaguar, el oso y otros animales.

El deseo de dar respuesta a las preguntas básicas de la vida, mezclado con algunas interrogantes sobre los acontecimientos "sobrenaturales", favoreció el desarrollo del ocultismo. A continuación se presentan algunos de los factores que han propiciado este desarrollo:

*I.* **La curiosidad:** Lo desconocido atrae nuestra curiosidad. Muchos de los que se involucran en las prácticas del ocultismo lo hacen empezando con las llamadas prácticas "inofensivas", tales como la lectura del horóscopo o el uso de la escritura espiritista (tabla ouija).

*II.* **El ocultismo ofrece respuestas:** Todos deseamos algún tipo de respuestas definitivas a las preguntas básicas de la vida, y el mundo del ocultismo muy gustosamente ofrece respuestas. Como estas prácticas ocultistas revelan cosas asombrosas, la persona que las practica llega a creer que ha experimentado la máxima realidad y que ya no necesita continuar la búsqueda de la verdad. El vacío espiritual se llena con una experiencia espiritual que no proviene de Dios, sino por lo general, de las profundidades mismas del infierno.

PASAJE DE ESTUDIO: Mateo 6:24-34.

VERSÍCULO PARA MEMORIZAR: "De Jehová son los pasos del hombre; ¿Cómo, pues, entenderá el hombre su camino?" Proverbios 20:24.

PRINCIPIO BÍBLICO: La única manera de tener tranquilidad en cuanto a nuestro futuro es dejar que sea Dios quien dirija nuestra vida.

PROPÓSITO: Ayudar al joven a comprender que sólo buscando a Dios mismo, el Creador del universo, podemos asegurarnos un futuro de felicidad eterna.

*III.* **Un último factor es La secularización:** Cada vez es más frecuente ver que la astrología es tan normal para nuestra sociedad, que aun en las iglesias muchos jóvenes creen que para dirigir su vida es necesario consultar su horóscopo en la televisión, en revistas, en la internet o en líneas telefónicas.

**2.** ALGUNAS MANIFESTACIONES DEL OCULTISMO Y LA ASTROLOGÍA EN LA ACTUALIDAD

A lo largo de la historia la astrología se ha desarrollado y especializado en diferentes áreas. Las personas, ansiosas por conocer el futuro a detalle, han motivado a que los ocultistas creen nuevas prácticas de adivinación. Las prácticas más comunes que encontramos son las siguientes:

1. El *horóscopo*. Predicción del futuro que aguarda a las personas, países, etc., realizada por los astrólogos y deducida de la posición relativa de los astros del sistema solar y de los signos del zodiaco.
2. *El uso de la tabla ouija y otros métodos semejantes* para entrar en contacto directo con el mundo espiritual de las tinieblas y utilizar su poder.
3. *Los juegos de roles fantásticos* que implican al mundo espiritual, tales como «Calabozos y Dragones».
4. La aceptación y el uso de cualquier *poder psíquico*.
5. Cualquier intento de conseguir *sanidades psíquicas o espirituales* (no confundir con un milagro divino).
6. *Toda práctica de percepción extrasensorial*, clarividencia, levitación, telequinesia, proyección astral, escritura automática y cosas similares. Aunque algunas de ellas pueden ser puro fraude, muchas inducen la actuación de espíritus malignos.
7. Cualquier *participación en sectas*, sesiones de espiritismo, creencia en la reencarnación o intentos de comunicarse con los muertos.
8. Todas las *religiones orientales y místicas*, además de cualquier otra que no sea cristiana.
9. *La música o los grupos de rock duro*, ácido, punk u otras clases inmorales y destructivas. Muchos de estos grupos y estilos musicales son demoníacos y ocultistas.
10. El movimiento de la *Nueva Era*.

**3.** ¿QUÉ DICE DIOS SOBRE LA ASTROLOGÍA?

De manera categórica podemos decir que Dios aborrece la astrología y advierte seriamente en Su Palabra que no se confíe ni en ella, ni en los astrólogos. Las siguientes citas nos ayudan a comprenderlo de una manera más clara:

*Isaías 44:24-25* "Así dice Jehová, tu Redentor, que te formó desde el vientre. Yo Jehová, que lo hago todo, que extiendo solo los cielos, que extiendo la tierra por mí mismo; que deshago las señales de los adivinos, y enloquezco a los agoreros; que hago volver atrás a los sabios, y desvanezco su sabiduría".

*Isaías 45:11-13a* "Así dice Jehová, el Santo de Israel, y su Formador: Preguntadme de las cosas por venir; mandadme acerca de mis hijos, y acerca de la obra de mis manos. Yo hice la tierra, y creé sobre ella al hombre. Yo, mis manos extendieron los cielos, y a todo su ejército mandé. Yo lo desperte en justicia ...".

*Jeremías 10:2* "... No aprendáis el camino de las naciones, ni de las señales del cielo tengáis temor, aunque las naciones las teman".

*Deuteronomio 4:19* "No sea que alces tus ojos al cielo, y viendo el sol y la luna y las estrellas, y todo el ejército del cielo, seas impulsado, y te inclines a ellos y les sirvas; porque Jehová tu Dios los ha concedido a todos los pueblos debajo de todos los cielos".

*Isaías 47:13-15* "Te has fatigado en tus muchos consejos. Comparezcan ahora y te defiendan los contempladores de los cielos, los que observan las estrellas, los que cuentan los meses, para pronosticar lo que vendrá sobre ti. He aquí que serán como tamo; fuego los quemará, no salvarán sus vidas del poder de la llama; no quedará brasa para calentarse, ni lumbre a la cual se sienten. Así te serán aquellos con quienes te fatigaste, los que traficaron contigo desde tu juventud; cada uno irá por su camino, no habrá quien te salve".

*Deuteronomio 18:10-12a* "No sea hallado en ti quien haga pasar a su hijo o a su hija por el fuego, ni quien practique adivinación, ni agorero, ni sortílego, ni hechicero, ni encantador, ni adivino, ni mago, ni quien consulte a los muertos. Porque es abominación para con Jehová cualquiera que hace estas cosas...".

*Isaías 8:19-20* "Y si os dijeren: Preguntad a los encantadores y a los adivinos, que susurran hablando, responded: ¿No consultará el pueblo a su Dios? ¿Consultará a los muertos por los vivos? ¡A la Ley y al testimonio! Si no dijeren conforme a esto, es porque no les ha amanecido".

*1 Crónicas 10:13-14* "Así murió Saúl por su rebelión con que prevaricó contra Jehová, contra la palabra de Jehová, la cual no guardó, y porque consultó a una adivina, y no consultó a Jehová; por esa causa lo mató, y traspasó el reino a David hijo de Isaí".

*Juan 10:8-10a* "Todos los que antes de mí vinieron, ladrones son y salteadores: ...El ladrón no viene sino para hurtar y matar y destruir; ...".

# RESUMEN

Dios quiere relacionarse con nosotros como su pueblo. Además, Él desea hacer un pacto con cada persona en particular. Los errores fatales del pueblo de Israel fueron: *la desobediencia, el legalismo, la hipocresía y el darle rienda suelta a su condición pecaminosa.* Para que no nos suceda lo mismo a nosotros, es necesario permitir que Dios obre en nuestro corazón como Él quiere y obedecer las normas que establece para nuestra relación con Él.

Al igual que los demás pactos que Dios ha hecho con la humanidad, el nuevo pacto está basado en el amor (Juan 3:16). Dios tomó la iniciativa y entregó a su único Hijo, para que todo aquel que por fe crea en Él (lo reconozca como su Salvador y Señor), goce de las bendiciones de esta nueva relación: la vida eterna.

## RECURSOS COMPLEMENTARIOS

### Materiales didácticos:
1. Pizarra u hojas para rotafolio
2. Marcadores o tiza (gis)
3. Biblias
4. Fotocopias de las hojas de actividades
5. Hojas en blanco para cada alumno
6. Lápices o bolígrafos
7. Pulseras o cintas de color
8. Revistas o recortes de la prensa sobre la sección de horóscopos

### Definición de Términos:
**Pacto.** La palabra "pacto" viene del Hebreo **berit** que contiene una variedad de significados. Puede significar "comer", señalando a la comida en la cual se sellaba un acuerdo (Génesis 31:54). "lazo o cadena" "mediación". Limitándonos al Pacto de Dios, significa el lazo de Dios con Su pueblo. La palabra pacto según el Nuevo Diccionario Ilustrado de la Biblia, es un "convenio que expresa la relación especial de Jehová con Su pueblo y resume la forma y estructura de la religión bíblica en ambos testamentos. La palabra hebrea (berit) aparece 285 veces en el Antiguo Testamento y la palabra griega (diatheke) 33 veces en el Nuevo Testamento; ambas se traducen «pacto»"

**La Ley como norma divina.** Las normas establecen principios sobre los cuales se basa algo. ¿Por qué son importantes las normas en nuestra relación con Dios?. A veces tenemos problemas con las "reglas". Creemos que éstas atentan contra nuestra libertad. Erróneamente entendemos libertad como el derecho a hacer lo que queramos. La libertad es un don que Dios nos da y su ejercicio es nuestra responsabilidad. Las reglas que Dios establece son para nuestro beneficio y la verdadera libertad se experimenta cuando aceptamos las bases de Dios para nuestra relación con Él. ¿Qué "reglas" establece Dios para que podamos tener una relación con Él?

### Dinámica: "Tiras a ciegas"
Para empezar elija tres voluntarios. Entregue a uno de ellos tres tiras de papel azul; a otro, tres tiras de papel rojo y al último, tres tiras de papel verde. Hágalos salir del salón y cúbrales los ojos para que no puedan ver absolutamente nada.

Con el resto de los jóvenes de la clase forme tres grupos, unos serán parte del equipo azul, otros del equipo rojo y el resto, del verde. Haga que se pongan de pie y se mezclen entre ellos.

Ahora dé la siguiente instrucción: Cada voluntario tiene tres tiras de papel de color para distribuir a sus respectivos integrantes de equipo. El problema es que ellos no saben quiénes integran su equipo. Ustedes deben de tratar de convencer a cada uno de los tres que ustedes están en su equipo y conseguir una tira de papel de él o de ella. El equipo que consiga más tiras de papel, gana.

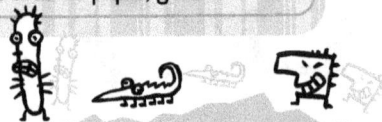

# La lección para...

### Abriendo la Palabra

Le sugiero utilizar la dinámica "Tiras a ciegas" que puede encontar en la sección de recursos complementarios, luego pregunte: ¿En qué se parece la vida a este juego? (Espere respuestas).

Muchas veces pareciera que estamos con los ojos vendados, porque queremos conocer lo que pasará más adelante en nuestra vida y no podemos. Y por la misma "desesperación" de no ver lo que está adelante, le hacemos caso a gente que nos dice cosas aparentemente agradables y creíbles, pero que sólo desea engañarnos y perjudicarnos sacando provecho para ellos mismos. Es por eso que el día de hoy hablaremos de una trampa en la que muchos adolescentes han caído, la astrología.

### Profundizando en la Palabra

Lean juntos el pasaje de estudio. Después de haber leído el pasaje, pregunte a los adolescentes, qué tanto conocen de la astrología. Quizá sea un término nuevo para ellos, así que si no hay respuestas, pregúnteles por los horóscopos.

Exponga el punto "1" de la lección, "¿Qué es la astrología". Una manera práctica de explicar este punto es utilizando como ilustración la sección de los horóscopos que normalmente se incluye en los periódicos. Es importante que prepare los recortes de los periódicos y los traiga a la clase. Ayúdeles a descubrir que lo que dice en los horóscopos son falsedades y declaraciones puramente lógicas. Por ejemplo: Tú eres de signo cáncer, tienes un carácter agresivo, esto te ocasionará problemas. ¡Por supuesto! Cualquier persona agresiva tendrá problemas.

Ahora, comparta el punto "2", "Algunas manifestaciones del ocultismo y la astrología en la actualidad". Posteriormente reparta la hoja de actividades, "Un sabor amargo". Luego, exponga el punto "3", "¿Qué dice Dios sobre la astrología?". Asigne una cita bíblica en la que se encuente apoyo para estar en contra de la astrología.

### Aplicando la Palabra

Lean y memoricen el texto que se encuentra en Proverbios 20:24. Después de que todos lo hayan aprendido, comparta el resumen de la lección. Antes de concluir la lección pregunte a los adolescentes, ¿qué prácticas del ocultismo han conocido en el ambiente de su escuela?

¿Puedes identificar programas de televisión que promuevan prácticas del ocultismo y de la astrología? Escriba en la pizarra todas las respuestas a las preguntas. Es importante que los adolescentes puedan identificar dónde, cuándo y cómo se presentan las trampas del ocultismo, para que puedan rechazarlas para ellos mismos, y que también puedan ayudar a otros a no caer en el engaño de la astrología. Pregunte si hay algún adolescente que ha estado involucrado en alguna práctica ocultista.

Haga una oración en la que pida protección a Dios por cada uno de los adolescentes y en caso de ser necesario, pida a Dios que los libere del engaño de la astrología.

### Respuestas : Hoja de Actividades
**Un sabor amargo**

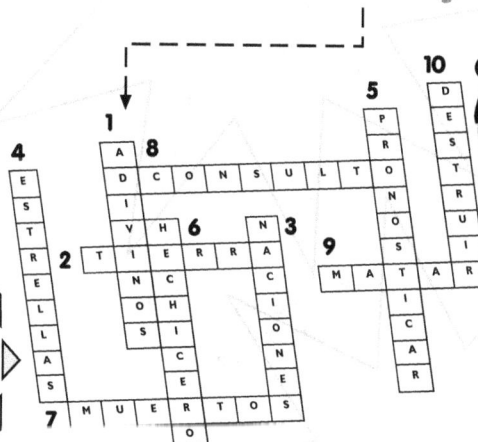

"De Jehová son los pasos del hombre; ¿Cómo, pues, entenderá el hombre su camino?"
Proverbios 20:24.

129

### Abriendo la Palabra

Para iniciar la reunión forme grupos conforme vayan llegando los jóvenes. Un número recomendable es de cinco por grupo. Entregue una revista con horóscopos a cada grupo. Dé la instrucción de que analicen el contenido de cada signo zodiacal y sus pronósticos, con el fin de encontrar las diferencias o similitudes.

Después pida que cada grupo presente un resumen de su análisis. Comparen y comenten el trabajo de cada equipo.

Una vez que han sacado algunas conclusiones de este primer ejercicio, comparta la introducción de la lección.

### Profundizando en la Palabra

Lean juntos el pasaje de estudio. Después de haber leído el pasaje, pregunte a los jóvenes qué diferencia hay entre la astronomía y la astrología. Quizá este sea un término que cause confusión, pero que al aclararlo le servirá de enlace con el punto "1", "¿Qué es la astrología?". Motive la participación de los jóvenes, finalmente lleguen a la conclusión de que la diferencia es que la astrología no se conforma con estudiar la constitución y posición de los cuerpos celestes, sino que, tomando como referencia esta información, quiere llegar a "predecir" o "manipular" el futuro de las personas.

Revisen una vez más los horóscopos de las revistas que entregó al inicio de la clase. Ayúdeles a descubrir las falsedades y declaraciones puramente lógicas que se dicen en los horóscopos. Por ejemplo: Tú eres de signo cáncer, tienes un carácter agresivo, esto te ocasionará problemas. ¡Por supuesto! Cualquier persona agresiva tendrá problemas.

Ahora, comparta el punto "2", "Algunas manifestaciones del ocultismo y la astrología en la actualidad". Enseguida pregunte a los jóvenes, ¿qué prácticas del ocultismo han conocido en el ambiente de su escuela y en los medios de comunicación (TV, revistas, periódicos, líneas telefónicas, internet, etc.)? Escriba en la pizarra todas las respuestas a las preguntas.

Después de dar un tiempo para que el grupo participe, exponga el punto "3", "¿Qué dice Dios sobre la astrología?". Asigne una cita bíblica a cada joven (dependiendo del número de participantes) para que explique lo que entiende de ese texto.

### Aplicando la Palabra

Lean y memoricen el texto que se encuentra en Proverbios 20:24. Pida a dos o tres jóvenes que lo digan de memoria, para asegurarse de que la mayoría lo han aprendido. Después entregeles la hoja de actividades, "El mensaje oculto". Después de que todos encontraron el mensaje, comparta el resumen de la lección.

Es importante que los jóvenes puedan tener en claro que las prácticas ocultistas son peligrosas. Hay un peligro aún mayor que el de ser engañado o defraudado. Existe el riesgo de que espíritus de maldad se apoderen cruelmente de las personas que practican el ocultismo, afectándolos mental, física, emocional y espiritualmente. Recuerde que, "Porque no tenemos lucha contra sangre y carne, sino contra principados, contra potestades, contra los gobernadores de las tinieblas de este siglo, contra huestes espirituales de maldad en las regiones celestes" (Efesios 6:12).

Finalice con una oración en la que pida protección a Dios por cada uno de los jóvenes y en caso de ser necesario, pida a Dios que los libere del engaño de la astrología.

### Respuestas: Hoja de Actividades
#### El mensaje oculto

"Cuando la preocupación por lo que ha de venir en un futuro invada nuestro corazón, recordemos que no estamos solos. Dios ha prometido que estará con nosotros. Su Espíritu Santo nos guía y consuela en nuestro diario vivir. Nuestra parte consiste en depositar nuestra confianza en Él, estando seguros de que no nos fallará".

"DE JEHOVÁ SON LOS PASOS DEL HOMBRE; ¿CÓMO, PUES, ENTENDERÁ EL HOMBRE SU CAMINO?" PROVERBIOS 20:24.

# La lección para...

### Abriendo la Palabra

Inicie la sesión entregando una pequeña hoja en blanco y presentando la siguiente situación a los jóvenes: Como grupo han recibido un regalo: la oportunidad de conocer el futuro. La única condición es que sólo una persona podrá hacer uso de ese regalo para conocer su propio futuro; así que cada joven deberá exponer las razones por las que se considera merecedor a semejante obsequio.

Después de que todos hayan expuestos sus razones, pregunte: ¿Por qué creen que el ser humano tiene tanto interés por saber lo que le ofrece el futuro? Espere dos o tres respuestas, posteriormente comparta la introducción de la lección.

### Profundizando en la Palabra

Lean juntos el pasaje de estudio. Después de haber leído el pasaje, pregunte a los jóvenes, qué diferencia hay entre la astronomía y la astrología. Motive la participación de los jóvenes, finalmente lleguen a la conclusión de que la diferencia es que la astrología no se conforma con estudiar la constitución y posición de los cuerpos celestes, sino que, tomando como referencia esta información, quiere llegar a "predecir" o "manipular" el futuro de las personas. Este diálogo servirá de enlace para compartir el punto "1" de la leccion, "¿Qué es la astrología?".

Luego, entregue algunas revistas con horóscopos para que los jóvenes las analicen. Trabajen en grupos de dos o tres personas, con el fin de identificar las falsedades y declaraciones puramente lógicas que se dicen en los horóscopos. Por ejemplo: Tú eres de signo cáncer, tienes un carácter agresivo, esto te ocasionará problemas. ¡Por supuesto! Cualquier persona agresiva tendrá problemas.

Ahora, comparta el punto "2", "Algunas manifestaciones del ocultismo y la astrología en la actualidad". Posteriormente entregue la hoja de actividades, "Sólo por curiosidad". En este ejercicio es importante reconocer que la astrología no es sólo un juego, sino también una lucha de fuerzas espirituales de maldad. Esto significa que los médiums, las sesiones espiritistas y otras prácticas ocultistas tienen poder para mostrar señales sobrenaturales, aun hablar con los muertos. Pero debemos reconocer que esto es una falsificación, ya que Dios es el que creó todas las cosas, sólo Él tiene el control de los eventos pasados, presentes y futuros. Y en ese control de las cosas, Dios ha determinado que no puede haber contacto entre los muertos y los vivos, tal como nos lo ensena claramente la parábola de "El rico y Lázaro" (Lucas 16:19-31).

Una vez que dialogaron sobre el ejercicio mencionado, exponga el punto "3", "¿Qué dice Dios sobre la astrología?". Asigne una cita bíblica a cada joven (dependiendo del número de participantes), para que explique lo que entiende de ese texto.

### Aplicando la Palabra

Lean y memoricen el texto que se encuentra en Proverbios 20:24. Pida a dos o tres jóvenes que lo digan de memoria, para asegurarse que la mayoría lo han aprendido. Enseguida exponga el resumen de la lección.

Pregunte y comente con el grupo:

1. *¿Pueden manifestarse las fuerzas espirituales malignas en los jóvenes?* Existe el riesgo de que espíritus de maldad aprisionen cruelmente a las jóvenes que practican el ocultismo, yoga, nueva era, etc., afectándolos mental, física, emocional y espiritualmente. Recuerden que, "Porque no tenemos lucha contra sangre y carne, sino contra principados, contra potestades, contra los gobernadores de las tinieblas de este siglo, contra huestes espirituales de maldad en las regiones celestes" (Efesios 6:12).

2. *¿Pueden identificar aquellas prácticas que vemos como parte "normal" en la vida diaria?* Algunas respuestas posibles son: Horóscopos, líneas telefónicas, tabla ouija, internet, programas de televisión, etc.

3. *¿Cómo podemos evitar caer en las prácticas del ocultismo?* Evitando los programas de televisión con un contenido que invita a practicar la astrología; no utilizar juegos como: "Mazmorras y dragones", "la tabla oija" y otros similares. También evitando leer los horóscopos, no utilizar las líneas telefónicas del tarot, no escuchar música que promueve estas prácticas, tales como el rock, hevay metal, nueva era, etc. Finalmente, la mejor protección ante el ocultismo es mantener una relación estrecha con aquel que conoce todas las cosas, Dios, a través de la lectura de la Biblia, la oración, el servicio, la comunión con otros cristianos, etc.

Para finalizar, pida a un joven que dirija una oración en la que pida protección a Dios por los miembros del grupo, en caso de ser necesario, pida a Dios que los libere del engaño de la astrología. Si hay algún joven que tiene algún amigo que está preso en la trampa del ocultismo, oren también por él.

### Respuestas : Hoja de Actividades
Sólo por curiosidad

"De Jehová son los pasos del hombre; ¿Cómo, pues, entenderá el hombre su camino?" Proverbios 20:24.

# HOJA DE ACTIVIDADES

## UN SABOR AMARGO

**Contesta el siguiente crucigrama utilizando las citas que vienen en la parte de abajo.**

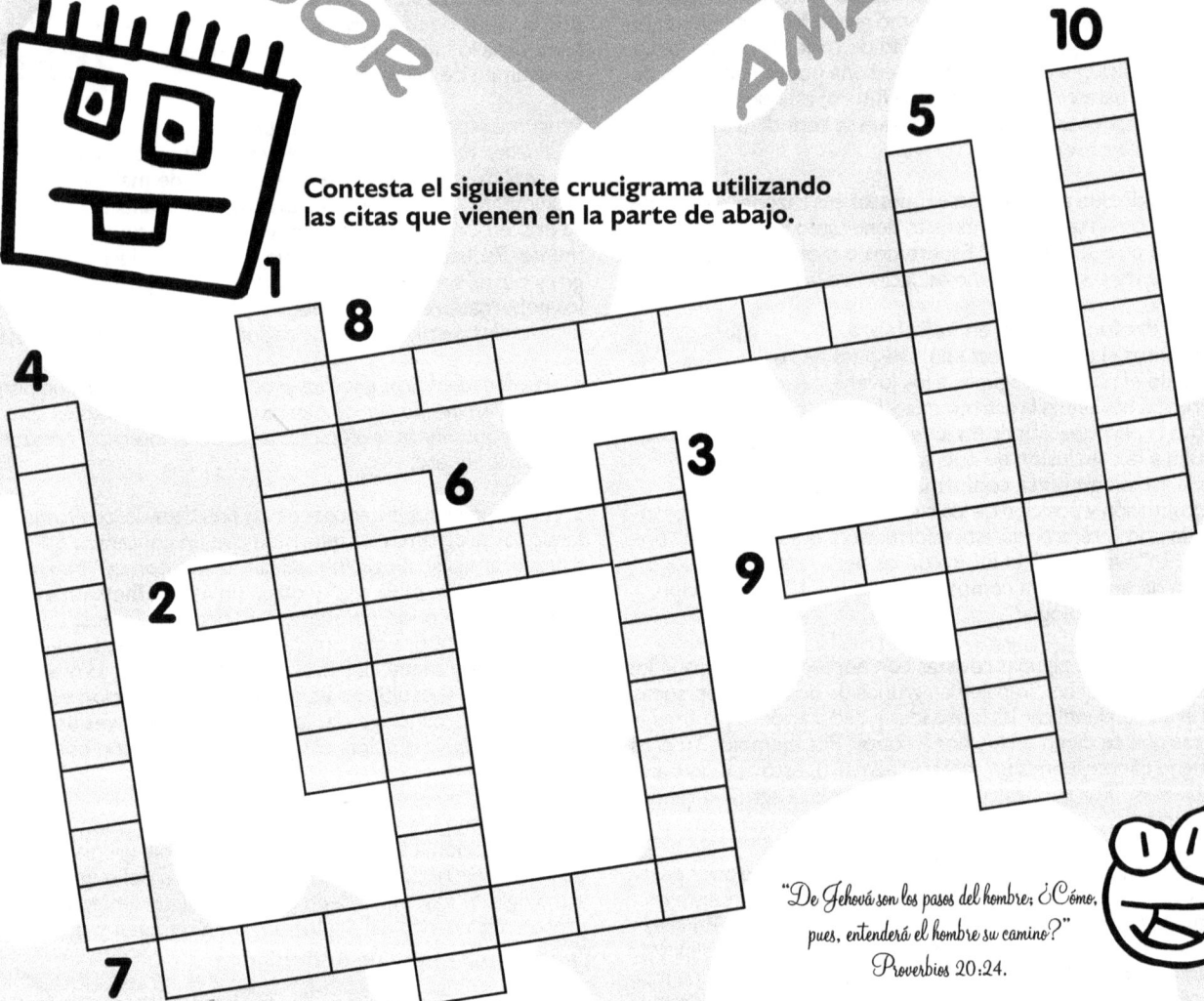

*"De Jehová son los pasos del hombre; ¿Cómo, pues, entenderá el hombre su camino?"*
*Proverbios 20:24.*

## VERTICALES

1. ¿Las señales de quiénes son deshechas por Dios?
   Isaías 44:24-25.
3. ¿El camino de quiénes es mencionado?
   Jeremías 10:2.
4. Cuerpos celestes que se mencionan en el pasaje de
   Deuteronomio 4:19.
5. Consiste en predecir el futuro
   Isaías 47:13-25.
6. Persona que realiza algún maleficio
   Deuteronomio 18:10-12.
10. Contrario a construir
   Juan 10:10.

## HORIZONTALES

2. Sobre ella fue creado el hombre
   Isaías 45:11-13.
7. Lo contrario a vivo (plural)
   Isaías 8:19-20.
8. Acción que realizó el rey Saúl
   1 Crónicas 10:13-14.
9. Acción de quitar la vida
   Juan 10:10.

# HOJA DE ACTIVIDADES

## SÓLO POR CURIOSIDAD

◎ ¿Crees que los espiritistas o médiums se puedan comunicar con los muertos?

◎ ¿Pueden los muertos hablarles a los vivos?

◎ ¿Cuál es la consecuencia para aquellos que buscan conocer el futuro a través de la astrología y el ocultismo?

**Contesta el siguiente crucigrama utilizando las citas que vienen en la parte de abajo:**

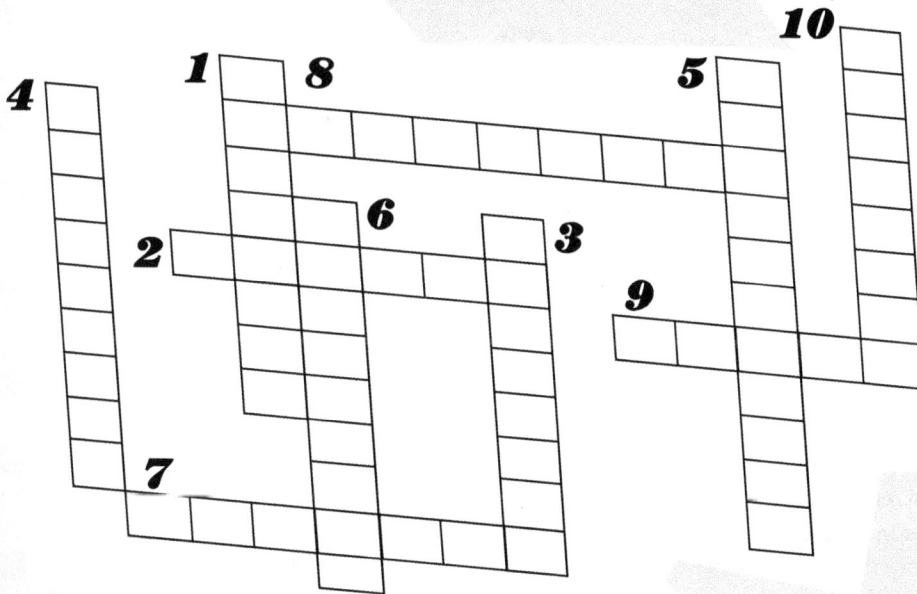

*"De Jehová son los pasos del hombre; ¿Cómo, pues, entenderá el hombre su camino?"*
*Proverbios 20:24.*

## VERTICALES

1. ¿Las señales de quiénes son deshechas por Dios?
   Isaías 44:24-25.
3. ¿El camino de quiénes es mencionado?
   Jeremías 10:2.
4. Cuerpos celestes que se mencionan en el pasaje de Deuteronomio 4:19.
5. Consiste en predecir el futuro
   Isaías 47:13-25.
6. Persona que realiza algún maleficio
   Deuteronomio 18:10-12.
10. Contrario a construir
   Juan 10:10.

## HORIZONTALES

2. Sobre ella fue creado el hombre
   Isaías 45:11-13.
7. Lo contrario a vivo (plural)
   Isaías 8:19-20.
8. Acción que realizó el rey Saúl
   1 Crónicas 10:13-14.
9. Acción de quitar la vida
   Juan 10:10.

Revista Jóvenes de Discipulado # 2 - El sabor de lo oculto puede ser amargo

# EL MENSAJE OCULTO

Utilizando las palabras que se encuentran en el siguiente recuadro, complete el mensaje que viene en la parte de abajo:

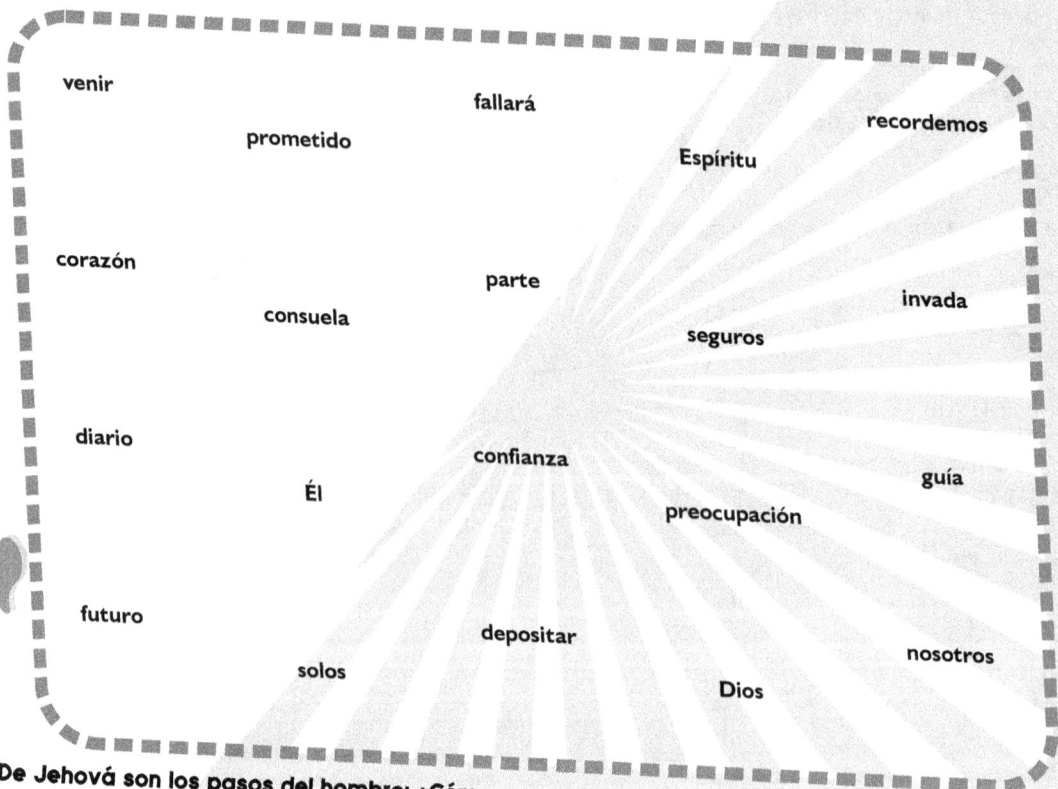

venir

fallará

recordemos

prometido

Espíritu

corazón

parte

invada

consuela

seguros

diario

confianza

guía

Él

preocupación

futuro

depositar

nosotros

solos

Dios

"De Jehová son los pasos del hombre; ¿Cómo, pues, entenderá el hombre su camino?" Proverbios 20:24.

"Cuando la _____ por lo que ha de _____ en un _____ _____ nuestro

_____, _____ que no estamos _____. _____ ha _____ que estará

con _____. Su _____ Santo nos _____ y _____ en nuestro _____ vivir.

Nuestra _____ consiste en _____ nuestra _____ en ____, estando _____

de que no nos _____".

# Métodos de
# acercamiento → al joven

Tengo un acertijo para usted: "Inicia una competencia de automovilismo, sale en la primera fila el conductor del auto identificado con el No. 1. El cielo está despejado y los rayos del sol pegan directo en la pista de carreras. Al paso del tiempo comienza acercarse una gran nube gris, y sin mayor aviso, la lluvia empieza a caer. El piloto del auto No. 1 se da cuenta de que su vehículo pierde adherencia en el pavimento. Esto lo obliga a salir de la pista y entrar a la zona donde están sus mecánicos, quienes rápidamente cambian las llantas para pavimento seco por unas llantas especiales para pavimento mojado. Ya con estas llantas, sale nuevamente a la pista y termina en primer lugar".

La pregunta es: ¿Cuáles llantas cree que fueron mejores, las de terreno seco o las de terreno mojado?

La respuesta es salomónica, ¡ambas! Así es, cada tipo de llantas cumplió con un cometido específico. Si bien es cierto que fue una decisión acertada hacer cambio de llantas cuando comenzó a llover, hubiese sido un error haber utilizado estas llantas cuando el pavimento estaba seco. Los dos tipos de llantas se complementaron para ayudar al piloto a ganar la competencia.

Este ejemplo nos ayuda a comprender que cuando desarrollamos un ministerio juvenil, no podemos hablar de un método único y mejor. Así como existen una gran variedad de personalidades, edades y contextos juveniles, también es necesario desarrollar y combinar una gran variedad de herramientas para tener un acercamiento efectivo con nuestros jóvenes. Parar esto, Dios nos ha dado una creatividad que debemos utilizar al máximo, y desde luego, podemos aprender de otras personas y ministerios, pero sobre todo de nuestro modelo por excelencia, Jesús.

A continuación tenemos una pequeña descripción de los métodos más comunes:

## 1 La reunión general de jóvenes

Este instrumento se utiliza con cierta periodicidad, reúne a todos los integrantes del grupo de jóvenes y es "comúnmente" conocido y aceptado en todas las iglesias. Algunas de las características de este método son las siguientes:

- Se desarrollan temas generales, sobre necesidades generales.
- Existe un compañerismo entre jóvenes de diferentes edades, sexos, niveles de compromiso, contextos familiares, etc.
- Se comparten principios básicos para la vida cristiana.
- Se busca desarrollar un ambiente de amor y aceptación.
- Se presenta a la iglesia como un solo cuerpo.

## 2 Grupos pequeños

Se define como la relación intencional entre 3 y 10 personas (algunas veces más), que se reúnen regularmente, tienen en común ciertas características (edad, sexo, grado de estudios, etc.) y comparten el propósito común de explorar juntos algún aspecto específico de la fe cristiana. En este método se puede incluir la clase de Escuela Dominical y las células. Tiene las siguientes características:

- Homogeneidad.
- Temas específicos.
- Intimidad.
- Manejo de grupo.
- Desarrollo de liderazgo, ya que los jóvenes pueden hacerse cargo de un grupo.
- Fortalece los lazos de amistad y aceptación.

## 3 Campamento o retiro

La madurez de los jóvenes no puede surgir de la nada, se necesita tiempo y de manera específica, tiempo para tenerlos bajo nuestra influencia, alejados de su familia, su escuela, sus amigos, etc.

El campamento es una herramienta que nos provee muchísimas oportunidades únicas y especiales para concentrarnos en Dios, escucharle por medio de las Escrituras, convivir con otros jóvenes cristianos y profundizar en nuestra relación con Dios.

# ¡Meta!

## Reunión general

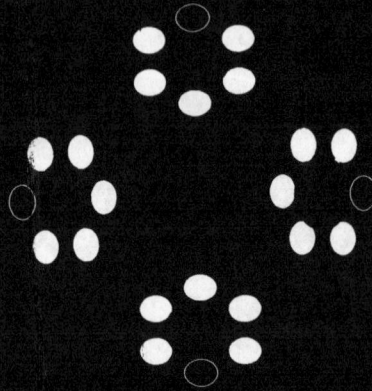

## Grupos pequeños

## Trabajo personal

Por medio del trabajo personal podemos reforzar las enseñanzas que se han impartido en la reunión general de jóvenes, en la Escuela Dominical, en las reuniones de grupos pequeños, en los campamentos o retiros y en otras actividades. La conversación individual puede acercar más los principios de la palabra de Dios a la situación específica de la vida del joven, a su situación real y a sus características peculiares y personales.

## Otros recursos

Existen otros métodos que pueden utilizarse para complementar y hacer más efectivo el discipulado juvenil. Por ejemplo:
- Proyectos de ayuda a instituciones públicas o de asistencia social.
- Reuniones recreativas y/o sociales.
- Actividades deportivas.
- Banquetes.
- Dramas o cantatas.
- Conciertos.
- Talleres y seminarios.
- Muchos más.

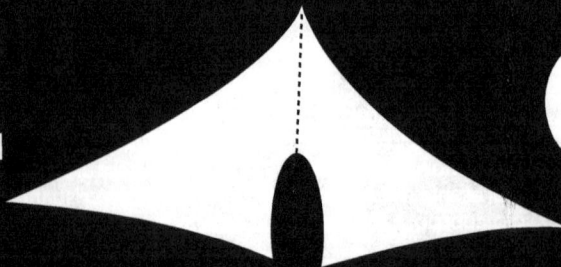

## Campamento o retiro

## Trabajo personal

# Reconocimiento dePartición

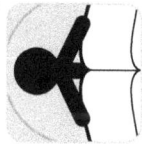

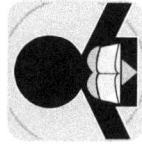

_____

Nombre del alumno

Ha participado fielmente y cumplido satisfactoriamente las actividades de las lecciones de la Revista Jóvenes de Discipulado No. 2

Dado en:

| | | |
|---|---|---|
| _____ | _____ | _____ |
| Lugar | día | mes |

**JÓVENES**

| | |
|---|---|
| _____ | _____ |
| Nombre del Pastor | año |
| | _____ |
| | Nombre del Maestro |

# Diario del Discipulador

## Jovens

| # | Nombre | Dirección | Teléfono | Fecha de nacimiento | Lecciones 1 2 3 4 5 6 7 8 9 10 11 12 13 | Observaciones |
|---|--------|-----------|----------|---------------------|------------------------------------------|---------------|
| 1 | | | | / / | | |
| 2 | | | | / / | | |
| 3 | | | | / / | | |
| 4 | | | | / / | | |
| 5 | | | | / / | | |
| 6 | | | | / / | | |
| 7 | | | | / / | | |
| 8 | | | | / / | | |
| 9 | | | | / / | | |
| 10 | | | | / / | | |